Mon Premier Larousse de l'Histoire

ILLUSTRATIONS

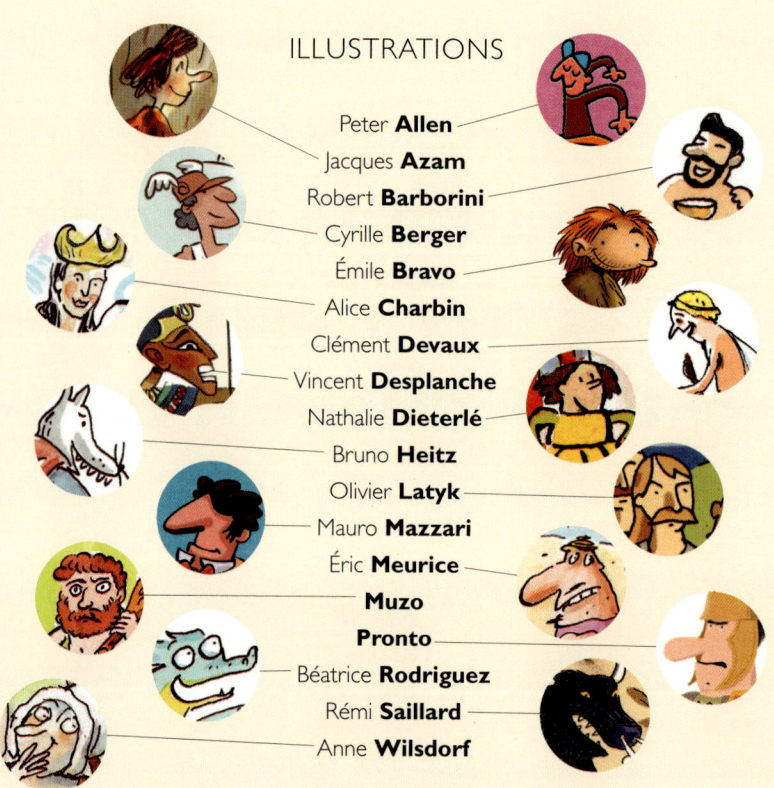

Peter **Allen**
Jacques **Azam**
Robert **Barborini**
Cyrille **Berger**
Émile **Bravo**
Alice **Charbin**
Clément **Devaux**
Vincent **Desplanche**
Nathalie **Dieterlé**
Bruno **Heitz**
Olivier **Latyk**
Mauro **Mazzari**
Éric **Meurice**
Muzo
Pronto
Béatrice **Rodriguez**
Rémi **Saillard**
Anne **Wilsdorf**

Illustration de couverture et personnages historiques :
Émile **Bravo**

Direction artistique, conception graphique & réalisation :
F. Houssin & C. Ramadier pour **DOUBLE**
Direction éditoriale : Françoise **Vibert-Guigue** et Delphine **Godard**
Rédaction : Anne-Marie **Lelorrain**
Direction de la publication : Dominique **Korach**
Fabrication : Jacques **Lannoy**

© Larousse / VUEF 2002 • 21, rue du Montparnasse - 75006 Paris
ISBN 2-03-553025-3 • Imprimé en Espagne • Photogravure : Offset Essonne
Dépôt légal : avril 2002 • N° de projet : 10087301
Conforme à la loi n° 49956 du 16 juillet 1949 sur les publications destinées à la jeunesse.

Mon Premier Larousse de l'Histoire

SOMMAIRE

La terre des dinosaures	6
L'homme apparaît	8
Un campement préhistorique	10
Une journée des Cro-Magnon	12
L'invention de l'agriculture	14
Dolmens et menhirs	16
L'invention de l'écriture	18
Les scribes	20
L'Égypte, le pays des pharaons	22
Les pharaons	24
Les dieux égyptiens	26
Les secrets des momies	28
Le grand voyage des morts	30
Les mystères des hiéroglyphes	32
La Bible	34
Abraham et Moïse	36
La Terre promise	38
La Grande Muraille de Chine	40
Les inventions des Chinois	42
La vie de Bouddha	44
La Grèce antique	46
La légende du Minotaure	48
Les dieux de l'Olympe	50
Les jeux Olympiques	52
Les douze travaux d'Hercule	54
Les aventures d'Ulysse	56
Les batailles d'Alexandre le Grand	58
Rome, capitale du monde	60
Les jeux du cirque	62
L'armée romaine	64
Les Gaulois	66
César et Vercingétorix	68
Pompéi	70
La vie de Jésus	72
La vie de Mahomet	74
Les *Mille et Une Nuits*	76
Les Mayas et les Aztèques	78
Les Incas	80
Le temps des châteaux forts	82
L'apprentissage du chevalier	84

L'attaque du château	86
La vie au château	88
La guerre des chevaliers	90
La vie dans les campagnes	92
Visite à la ville	94
Le temps des cathédrales	96
L'invention de l'imprimerie	98
Dans l'atelier d'un peintre	100
Les caravelles	102
Christophe Colomb	104
Les conquistadors	106
Soliman le Magnifique	108
Le château de Versailles	110
La journée du Roi-Soleil	112
La cour s'amuse	114
Dans les campagnes et dans les villes	116
Des pionniers en Amérique	118
Le temps des marchands	120
Sur des mers inconnues	122
Pirates et corsaires	124
La Révolution française	126
Napoléon Ier	128

Les batailles de Napoléon	130
Les héros de l'Amérique du Sud	132
La vie des Indiens d'Amérique	134
La conquête de l'Ouest	136
Le combat des Indiens	138
L'invention des machines à vapeur	140
Des inventions qui changent la vie	142
La Première Guerre mondiale	144
La Seconde Guerre mondiale	146
Le monde moderne	148
Le triomphe de la science	150
Protéger la Terre	152
Mots difficiles	154
Index	157

LA TERRE DES DINOSAURES

Pendant très très longtemps, il n'y avait pas d'hommes sur la Terre. Au début, il n'y avait rien, puis toutes sortes de plantes et d'animaux sont apparus. Et surtout, les fameux dinosaures.

Les **premiers êtres vivants** sont apparus dans l'eau : des algues, des vers, des éponges, des méduses… Puis ce fut le tour des poissons et des premières grenouilles. Quelques plantes se sont mises à pousser sur la terre ferme et les ancêtres des reptiles ont commencé à se risquer hors de l'eau.

Les **dinosaures** ont vécu sur la Terre il y a plus de 200 millions d'années. Il y en avait de toutes sortes : certains étaient gigantesques, plus hauts que des maisons, d'autres pas plus gros qu'un chien. Certains mangeaient des feuilles, d'autres étaient de féroces chasseurs.

Tous étaient des **reptiles**, comme les lézards d'aujourd'hui. Le mot « dinosaure » veut d'ailleurs dire « terrible lézard ». Leur peau avait des écailles et ils pondaient des œufs. Ils ont disparu longtemps avant qu'il y ait des hommes sur la Terre. On ne sait pas vraiment pourquoi.

L'HOMME APPARAÎT

Il y a 2,5 millions d'années, un nouvel individu est apparu dans la savane africaine. Il était grand, marchait sur ses deux jambes, et avait un gros cerveau. C'est le premier représentant du genre humain.

Même s'il semble très différent des autres animaux, l'homme est un mammifère. Comme les singes, il appartient à la famille des **primates**.

Le plus ancien parent de l'homme est **l'australopithèque**. Ce n'était plus vraiment un singe, mais pas encore un homme. Le plus célèbre australopithèque a été appelé **Lucy**.

Le tout premier homme est appelé **homo habilis**, ce qui signifie homme habile, car il savait utiliser les pierres pour en faire des outils.

Homo erectus, l'homme dressé, se tient bien droit et apprend à conserver le feu.

Les premiers hommes modernes sont les **hommes de Cro-Magnon**. Nous sommes comme eux.

UN **CAMPEMENT PRÉHISTORIQUE**

Les premiers hommes étaient peu nombreux. Ils vivaient en petits groupes de quelques familles. Leur époque s'appelle la préhistoire. Pour se nourrir, ils allaient à la chasse, pêchaient dans les rivières, ramassaient des plantes et cueillaient des fruits.

Les hommes préhistoriques s'installaient dans des **endroits abrités**, protégés des bêtes sauvages, souvent au bord d'une rivière.
Ils habitaient près des **grottes** ou des **cavernes**,
ou fabriquaient des **tentes** avec des branches et des peaux de bêtes.

Les familles ne restaient jamais très longtemps au même endroit.

Elles se **déplaçaient** pour suivre le gibier ou trouver de meilleurs endroits pour vivre. Les premiers hommes étaient des **nomades**.

Dans les abris, un **feu** brûlait en permanence. Il servait à cuire les aliments, à se chauffer, à s'éclairer et, aussi, à éloigner les animaux sauvages.

UNE JOURNÉE DES CRO-MAGNON

La vie des hommes de Cro-Magnon était difficile. Ils ne vivaient pas longtemps. Ils devaient trouver leur nourriture dans la nature et se protéger des attaques des bêtes sauvages.

Pour **pêcher** et **chasser**, ils avaient des instruments très simples : des haches de pierre, des flèches en os, des lances en bois.

Le **renne** est facile à chasser car il se déplace en troupeaux. Les hommes préhistoriques mangeaient sa chair, taillaient sa peau, utilisaient ses os et ses bois pour faire des armes.

Pour se nourrir, les hommes préhistoriques **cueillaient** aussi les plantes qui poussaient autour d'eux.

Avec la **peau du renne**, souple et chaude, les hommes faisaient des **vêtements** et des **tentes**. Les **tendons** servaient de fil, les **aiguilles** étaient taillées dans les os.

Avec les os des rennes, les hommes préhistoriques fabriquaient leurs **armes** et leurs **outils** : des flèches, des grattoirs, des poignards, etc.

Au fond des **grottes**, les hommes préhistoriques faisaient de magnifiques **peintures**. Elles représentaient des animaux sauvages : des chevaux, des taureaux, des bisons, des mammouths, etc. Ils peignaient avec leurs doigts, avec des bâtonnets ou des tampons de feuilles. Ils utilisaient les couleurs qu'ils trouvaient dans la nature : du rouge, du jaune, du noir. Ils s'éclairaient avec des lampes à huile.
Les hommes préhistoriques n'habitaient pas dans ces grottes. On pense que c'étaient des sortes d'églises où ils se réunissaient pour des **cérémonies religieuses**.

L'INVENTION DE L'AGRICULTURE

Les premiers hommes se nourrissaient de plantes et d'animaux sauvages. Tout a changé quand ils sont parvenus à faire pousser certaines plantes et à élever des animaux.

Grâce à **l'invention de l'agriculture et de l'élevage**, les hommes ont eu davantage à manger. Ils ont vécu plus longtemps, sont devenus plus forts et plus nombreux. On appelle cette période le Néolithique.

Les premières maisons étaient en bois.

Pour conserver et cuire les aliments, ils fabriquaient des poteries en terre cuite.

Avec la laine des animaux, ils faisaient des tissus.

Au lieu d'attendre que les plantes sauvages poussent autour d'eux, les hommes ont commencé à planter des graines des plantes les plus nourrissantes : le **blé** et l'**orge**. Ils se sont transformés peu à peu en **agriculteurs**, ont construit de vraies **maisons**, se sont installés dans les **villages**.

Les hommes préhistoriques ont appris à **apprivoiser** et **élever** des animaux sauvages.

Le premier animal que les hommes ont apprivoisé fut le **loup**.

Ils recueillaient les bébés loups dont la mère avait été tuée. Ils les nourrissaient et les gardaient près d'eux.

Les loups ont peu à peu perdu leur caractère sauvage et sont devenus des **chiens**.

DOLMENS ET MENHIRS

Les hommes préhistoriques ont dressé de gigantesques monuments en pierre : les mégalithes. Certains étaient sans doute des tombeaux, d'autres des monuments à la gloire de leurs dieux.

Les **dolmens** ressemblent à d'immenses tables de pierre. Les **menhirs** sont des pierres dressées.

Les pierres que les hommes préhistoriques utilisaient pouvaient atteindre 10 m de haut et peser plusieurs tonnes.

On s'est longtemps demandé comment ils avaient pu déplacer ces énormes pierres et les redresser.

Les blocs de pierre étaient taillés avec des coins en bois ou des grosses pierres. Ils étaient ensuite posés sur des poutres. Les hommes les tiraient à l'aide de cordages.

Les hommes soulevaient la lourde pierre grâce à des **poutres de bois**.

Ces grands tombeaux et ces monuments
montrent que les premiers hommes croyaient
en une vie après la mort
et en des dieux que nous ne connaissons pas.

Des **tumulus** recouvraient la tombe de rois, enterrés là avec leurs armes, leurs bijoux.

À **Carnac**, en Bretagne, on peut encore voir des **alignements de menhirs**.

Ils tiraient la pierre avec des **cordages** et la faisaient glisser dans un trou.

Stonehenge, en Angleterre, est le plus célèbre des cercles de pierres dressées (les **cromlechs**).

L'INVENTION DE L'ÉCRITURE

L'écriture a été inventée il y a un peu plus de 5 000 ans, en Mésopotamie, une région du Proche-Orient. Elle a d'abord été utilisée par les marchands.

La **Mésopotamie** était une des régions les plus **riches** de l'Antiquité. L'agriculture et l'élevage y étaient prospères. Il y avait déjà des **villes** avec des palais pour les rois et des temples pour les dieux.

Pour faciliter le **commerce**, pour mieux se souvenir de ce qu'ils possédaient et de ce qu'ils achetaient, les Mésopotamiens ont eu l'idée de faire des petits dessins :

un dessin pour le mot « mouton », un dessin pour le nombre de moutons.

Ils faisaient ces petits dessins avec des bâtonnets sur des **plaques d'argile** molle. Le vendeur et le marchand savaient où ils en étaient. **L'écriture était née.**

L'évolution des signes

l'étoile

l'homme

la femme

l'oiseau

L'invention de l'écriture est si importante que la légende l'a attribuée aux rois.

Les Mésopotamiens ont commencé par faire des petits dessins représentant un arbre, un mouton, un homme, une femme…

Puis ces dessins sont devenus de plus en plus simples, impossibles à reconnaître. C'étaient des symboles qu'il fallait apprendre.

LES **SCRIBES**

L'écriture est l'une des plus importantes inventions des hommes. Elle a permis aux Mésopotamiens d'écrire leurs lois, des textes religieux, l'histoire de leurs rois et des grands événements.

À Babylone, il y a près de 4 000 ans, le roi **Hammourabi** a fait écrire les lois de son royaume sur une énorme pierre.

Apprendre à lire et à écrire était long et difficile. Ceux qui savaient écrire, les **scribes**, étaient des personnages très importants.

L'écriture a permis de connaître l'**histoire des rois**.

L'invention de l'écriture marque la **fin de la préhistoire**.

Les scribes écrivaient sur des **tablettes d'argile** molle avec des bâtons pointus, les **stylets**.

Les scribes ont écrit l'histoire des dieux et des grands héros, comme **Gilgamesh**, vainqueur du terrible géant Humbaba.

L'ÉGYPTE, LE PAYS DES PHARAONS

Sur les bords du Nil, les anciens Égyptiens ont créé une civilisation extraordinaire qui a duré plus de 3 000 ans. Grâce au Nil, l'Égypte est le pays des pharaons et des pyramides.

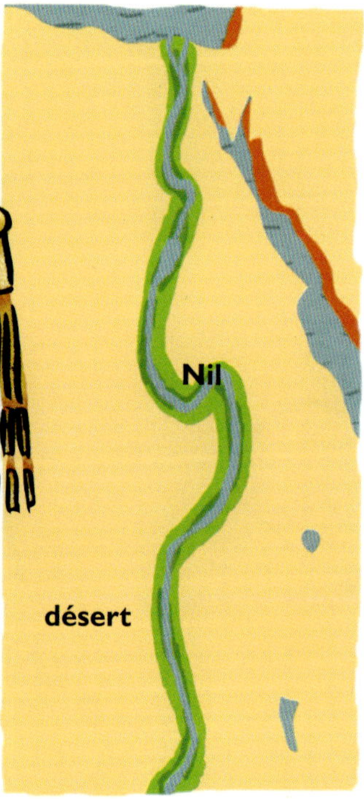

Le **Nil** coule à travers le **désert** d'Afrique. Vu du ciel, le fleuve ressemble à un long ruban bleu, bordé du vert des cultures. Sans le Nil, personne ne pourrait vivre en Égypte, parce qu'il n'y pleut presque jamais.

Chaque année, le Nil **inondait** ses rives.
Quand l'inondation était terminée, il restait sur les bords du fleuve une **boue très fertile** où les paysans faisaient pousser toutes sortes de **cultures**.

Grâce au Nil et au travail des paysans, l'Égypte était riche. Tout le long du fleuve, il y avait des villages et des villes, mais aussi des grands temples pour les dieux et les fameuses **pyramides** où étaient enterrés les pharaons.

LES PHARAONS

**Les Égyptiens appelaient leur roi « pharaon ».
Les pharaons étaient considérés comme des dieux vivants.
Ils possédaient tous les pouvoirs, toutes les terres.**

La reine **Néfertiti**, femme du pharaon **Akhenaton** était célèbre pour sa beauté.

La **pyramide de Khéops**, un des plus anciens pharaons, est un monument extraordinaire. Il est formé de 2 millions de blocs de pierre. **100 000 paysans** y ont travaillé pendant plus de 30 années.

Ramsès est le plus grand pharaon égyptien. Il a régné longtemps, jusqu'à l'âge de 90 ans. Il a eu plus de 100 enfants. Ce fut un grand conquérant et un grand bâtisseur.

Toutankhamon est le pharaon le plus célèbre à cause de sa tombe remplie de trésors. Il est mort à 19 ans. Il avait régné 10 ans. Son masque d'or le représente avec le **némès**, la coiffure des pharaons ornée du cobra protecteur, avec le sceptre, le fouet et la barbe postiche, symboles de la puissance des pharaons.

Les Égyptiens aimaient les grands festins avec des **chants** et des **danses**.

Les **chanteuses** s'accompagnaient à la **harpe**. Elles chantaient des chansons d'amour.

Les **petits garçons** avaient le crâne rasé, à l'exception d'une petite mèche.

L'immense majorité des Égyptiens étaient des **paysans**. Les terres appartenaient aux pharaons ou aux dieux, représentés par les prêtres.

LES **DIEUX** ÉGYPTIENS

Chaque ville, chaque oasis d'Égypte avait ses dieux. La plupart étaient représentés avec un corps humain et une tête d'animal. Ils portent à la main la croix de la vie et le bâton du pouvoir.

Rê ou **Râ** était le dieu du Soleil. Tout le jour, il naviguait dans le ciel sur sa barque d'or. La nuit, il traversait le monde des morts, où l'attendaient mille dangers. Il est souvent représenté avec une tête de **faucon**, coiffé du **disque du soleil**.

Hathor était la déesse de l'Amour, de la Joie et de la Musique. Elle est représentée sous la forme d'une **vache**, ou avec des cornes de vache sur la tête. Elle porte le sceptre des reines, en fleur de lotus.

Le dieu **Amon** représenté en pharaon et le dieu Rê ont formé **Amon-Rê**, le roi des dieux.

Thot était le dieu des scribes. Il est représenté en train d'écrire. Il a la tête d'un oiseau, l'**ibis**.

Apis est représenté sous la forme d'un **taureau** sacré.

La légende d'Osiris

Osiris avait été désigné par les dieux pour être le roi de la Terre. Mais son frère **Seth**, jaloux, le tua, puis dispersa son corps dans toute l'Égypte. La femme d'Osiris, **Isis**, retrouva les morceaux et reconstitua le corps avec des bandelettes. Osiris ressuscita et fut ainsi la première momie. Il devint le **dieu des morts**. Il est représenté habillé comme une momie avec les deux symboles des rois : le sceptre et le fouet.

Isis, la femme d'Osiris, était la déesse de la vie et de la magie. C'était aussi la gardienne de la famille.

Anubis surveillait la cérémonie de l'embaumement et de la momification. Il guidait aussi les morts devant le tribunal d'Osiris. Il est représenté avec une tête de **chacal**, noire.

Seth était le frère assassin d'Osiris. C'était le dieu des orages et des déserts, des forces violentes de la nature.

Horus était le fils d'Isis et d'Osiris. Il vengea son père en reprenant le trône d'Égypte. Il était le protecteur des pharaons. Il est représenté comme un **faucon**, portant la coiffe des rois.

LES **SECRETS** DES **MOMIES**

Les Égyptiens croyaient que la vie continuait pour toujours après la mort. Pour vivre cette deuxième vie, il fallait que le corps soit bien conservé. C'est pourquoi, ils faisaient des momies.

Pour conserver le corps des pharaons, les Égyptiens avaient trouvé un moyen extraordinaire : ils les transformaient en **momies**, en les **embaumant**. La cérémonie de l'embaumement durait 70 jours.

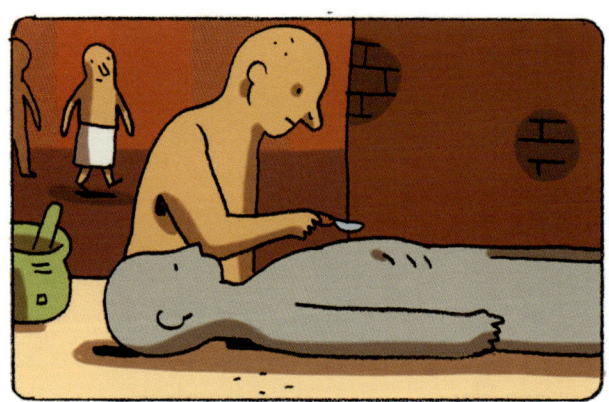

1. Les **embaumeurs** étaient des prêtres. Ils disaient qu'ils étaient aidés par le dieu **Anubis**, le dieu à tête de **chacal**.

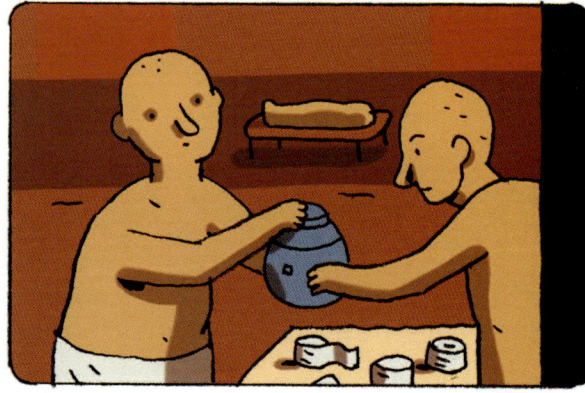

2. Avec un crochet, ils sortaient la cervelle par les narines, puis enlevaient les boyaux et les **déposaient dans des vases.**

3. Pour sécher le corps, ils le couvraient de **sel** pendant 40 jours. Puis ils le bourraient de chiffons et l'entouraient de **bandelettes**.

4. Quand la momie était prête, le prêtre posait sur son visage un **masque d'or** représentant le mort.

5. Puis les prêtres déposaient la momie dans une boîte de bois peint, le **sarcophage**.

6. Plusieurs sarcophages protégeaient la momie. Ils s'**emboîtaient** les uns dans les autres.

7. La momie était transportée par **bateau** sur le Nil jusqu'à la tombe.

8. Les prêtres déposaient la momie dans un grand sarcophage de pierre.

9. Pour aider le mort dans sa vie éternelle, ils déposaient dans la tombe les provisions et les **objets** dont il allait avoir besoin.

10. Puis ils **fermaient à jamais l'entrée** de la tombe qui devait rester secrète. Mais gare aux voleurs!

LE GRAND VOYAGE DES MORTS

Pour les morts, leur nouvelle vie commence par un dangereux voyage dans le monde souterrain du dieu Osiris, le maître du royaume des morts.

1. Le mort est conduit à l'entrée du monde souterrain par **Anubis**, le dieu à tête de chacal, pour être jugé par le tribunal d'**Osiris**.

2. Le mort **déclare** qu'il n'a jamais rien fait de mal et qu'il est bon. Le texte de sa **déclaration d'innocence** est inscrit dans le rouleau qu'il tient dans sa main.

3. Son cœur est alors pesé dans une **balance**. Il ne doit pas être plus lourd que la plume de la déesse **Maât**, la plume de la vérité. Plus le mort a commis de fautes, plus son cœur est lourd.

4. **Maât**, déesse de la justice, surveille la pesée.
Thot, le dieu scribe à tête d'ibis, note les résultats.

5. Si le cœur est plus léger que la plume, le mort peut continuer son voyage. S'il est plus lourd, il est dévoré par un **horrible monstre** qui guette tout près de la balance.

6. **Horus**, le dieu à tête de faucon, conduit le mort au cœur léger vers le trône d'Osiris. Sa nouvelle vie peut commencer.

LES MYSTÈRES DES HIÉROGLYPHES

Les Égyptiens avaient deux écritures : une écriture simple pour la vie de tous les jours, et une écriture plus compliquée pour la vie religieuse et les inscriptions sur les monuments.

Le mot **hiéroglyphe** veut dire « gravure sacrée », car les hiéroglyphes servaient surtout à parler des dieux, des pharaons et des morts.

Il fallait **12 ans** pour apprendre à écrire les hiéroglyphes. Ceux qui savaient lire et écrire, les **scribes**, étaient très peu nombreux.

En Égypte, il n'y avait pas de papier, mais des rouleaux faits avec des **tiges de papyrus**, un roseau qui pousse au bord du Nil.

Pour écrire, le scribe utilisait un **pinceau de bois** trempé dans de l'encre.

Champollion déchiffre les hiéroglyphes…

Quand les pharaons ont disparu, plus personne ne savait lire les hiéroglyphes. Le mystère passionnait un jeune Français, né à l'époque de Napoléon : Jean-François **Champollion**.

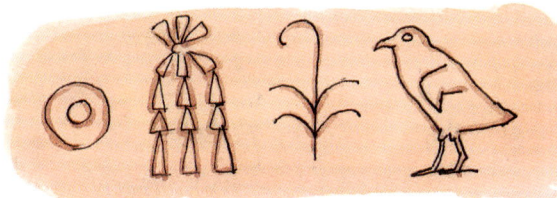

cartouche de Ramsès

Tout petit, Champollion rêve de déchiffrer ces signes mystérieux. Il apprend **les langues anciennes** : le grec, l'hébreu, etc.

En 1799, on découvre en Égypte **la pierre de Rosette**. Dessus sont gravés un texte en **hiéroglyphes** et un texte en **grec**. Champollion cherche alors à comprendre quel rapport il y a entre les deux.

cartouche de Toutankhamon

Il s'aperçoit que certains hiéroglyphes sont entourés d'un cadre, le **cartouche**. Dans le texte grec, il y a des noms de **rois** : Ptolémée, Cléopâtre. Il se dit que les cartouches entourent peut-être les noms des rois. Il avait trouvé !

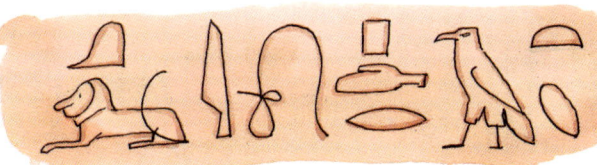

cartouche de Cléopâtre

Il comprend alors que les **signes** peuvent dire plusieurs choses. Par exemple, le dessin d'une bouche peut vouloir dire « bouche », mais aussi correspondre au son « R ».

LA **BIBLE**

Il y a plus de 4 000 ans, les Hébreux, un peuple qui vivait en Palestine, ont été les premiers à penser qu'il n'y avait qu'un seul Dieu. Ils ont écrit la Bible, le Livre sacré des juifs et des chrétiens.

La Bible commence par raconter comment **Dieu créa le monde**, le Soleil et la Lune, les plantes et les animaux.

Le sixième jour, dit la Bible, **Dieu créa l'homme**, Adam, et lui donna une femme, **Ève**. Il vivaient heureux dans le jardin d'Éden, le **Paradis terrestre**.

Mais le diable, ennemi de Dieu, qui avait pris la forme d'un serpent, leur fit commettre une faute très grave. Adam et Ève furent **chassés du Paradis**.

Sur la Terre, loin du Paradis, Adam et Ève travaillaient dur. Leur fils aîné, **Caïn**, commit le premier crime : il tua son frère **Abel**.

Les descendants d'Adam et Ève n'arrêtaient pas de faire du mal et Dieu décida de les noyer en faisant tomber la pluie 40 jours et 40 nuits : ce fut le **déluge**. Mais **Noé** était bon, et Dieu lui ordonna de construire un grand navire, l'**arche de Noé**. La famille de Noé ainsi qu'un couple de tous les animaux qui existaient sur la Terre furent ainsi sauvés du déluge. Ils recommencèrent à peupler la Terre.

Un jour, les hommes décidèrent d'atteindre le ciel, c'est-à-dire Dieu. Ils construisirent une très haute tour, la **tour de Babel**. Dieu pensa qu'ils étaient bien prétentieux. Pour les punir, il fit parler à chacun une langue différente. **Les hommes ne se comprenaient plus**…

ABRAHAM ET MOÏSE

La Bible raconte l'histoire du peuple hébreu, et de ses rapports avec Dieu. Cette histoire est faite d'exploits, de bonheurs et de malheurs. Parmi les premiers héros de la Bible, il y a Abraham et Moïse.

Abraham vivait avec sa femme, ses serviteurs et ses troupeaux à Ur en Chaldée.

Un jour, Dieu lui ordonna d'abandonner ses richesses pour aller au **pays de Canaan**.

Comme **Sarah**, la femme d'Abraham, n'avait toujours pas d'enfant, il eut un fils avec sa servante **Agar** : **Ismaël**.

Enfin, comme Dieu l'avait promis, à l'âge de 100 ans, Sarah et Abraham eurent un fils, **Isaac**.

Dieu mit Abraham à l'épreuve. Il lui ordonna de **sacrifier Isaac**. Au moment où Abraham allait tuer son fils, un ange l'arrêta.

Plus tard, Isaac épousa Rébecca. Leur fils **Jacob** eut douze fils, ancêtres des **douze tribus d'Israël**.

Les Hébreux étaient **esclaves en Égypte**. Pharaon faisait tuer tous les garçons dès leur naissance.

Pour sauver son fils, la mère de **Moïse** le déposa au bord du Nil. Il fut recueilli par une princesse égyptienne.

Alors qu'il était dans le désert du Sinaï, **Dieu** lui apparut sous la forme d'un **buisson en flammes**.

Dieu lui ordonna de demander à Pharaon de faire **sortir les Hébreux** d'Égypte.

Comme Pharaon refusait, Dieu envoya **dix catastrophes** sur l'Égypte. Pharaon finit par laisser partir les Hébreux.

Mais Pharaon les poursuivit avec son armée. Alors **la mer Rouge s'ouvrit** devant Moïse et son peuple, puis se referma derrière eux.

Sur le mont Sinaï, Dieu dicta à Moïse les **dix commandements**. Ils sont gravés sur deux pierres : les **Tables de la Loi**.

Moïse conduisit son peuple aux portes de la **Terre promise** par Dieu. Et il mourut.

LA TERRE PROMISE

Conduits par Moïse, les Hébreux atteignirent la Terre promise, l'actuelle Palestine. Ils y fondèrent leur royaume. Souvent attaqué par ses voisins, le royaume d'Israël disparut et les juifs se dispersèrent dans le monde.

David était un jeune berger, qui jouait de la harpe. Il est célèbre pour le combat qu'il remporta contre le géant **Goliath**. Il devint le deuxième **roi d'Israël**, succédant au roi **Saül**. Son fils **Salomon** fit construire le **Temple de Jérusalem**.

400 ans plus tard, **Nabuchodonosor**, roi de Babylone incendia Jérusalem,

captura le roi, lui creva les yeux et emmena les juifs en captivité à Babylone.

Le temple fut reconstruit, puis une nouvelle fois **détruit**, cette fois par les **Romains**.
Depuis les juifs sont dispersés dans le monde.
C'est la **diaspora**.

LA **GRANDE MURAILLE** DE **CHINE**

La Chine est un pays immense et très peuplé. Pour le protéger des envahisseurs, les empereurs ont fait construire la fameuse Grande Muraille.

La construction de la **Grande Muraille** a duré des **centaines d'années**. Plus de **2 millions** de paysans chinois et d'esclaves y ont travaillé, surveillés par l'armée de l'empereur. La Grande Muraille était très longue : plus de **5 000 km**. Elle comportait **25 000 tours de garde**, où des soldats se relayaient pour veiller nuit et jour.

Le **premier empereur** de Chine s'appelait **Qin Shi Huangdi**. C'est lui qui a donné son nom, Qin, à la Chine. Le premier, il se fit appeler **« fils du ciel »**. Tous les empereurs chinois ont, par la suite, porté ce titre. Il a été enterré avec les statues représentant plus de **6 000 soldats**. Toutes les statues sont différentes les unes des autres. Certaines représentent des archers, d'autres des soldats qui combattaient à pied, d'autres encore sur des chars.

LES **INVENTIONS** DES **CHINOIS**

Depuis très longtemps, bien avant les Européens, les Chinois savent tisser des tissus très fins en soie, fabriquer du papier et de la porcelaine, soigner les malades…

Depuis toujours, les Chinois cultivent le **riz** et élèvent des porcs. Le riz permet de nourrir l'énorme population chinoise, car il pousse très bien et est très nourrissant.

L'**écriture chinoise** est très ancienne. Elle est formée de dessins, appelés **idéogrammes**. C'est une écriture très belle mais très difficile à apprendre. Aussi, très peu de gens savaient écrire.

Les **tissus de soie** sont très beaux, fins et brillants. Les Romains, qui ne savaient pas tisser la soie, venaient jusqu'en Chine pour les acheter. Ils les payaient très cher, avec des pièces d'or.

Les Chinois ont inventé le **papier** bien avant les Européens. Ils fabriquaient les feuilles de papier à partir des pousses de riz ou de l'écorce de bambou.

Il y a 1 000 ans,
les Chinois ont inventé
l'**imprimerie**.

Depuis 1 500 ans,
les Chinois font
des bols et des vases
en **porcelaine**.
Pendant très
longtemps,
personne n'a
découvert comment
faire une porcelaine
aussi blanche
et aussi fine.

Les Chinois ont d'abord
utilisé la **poudre**
pour fabriquer des
pétards et des feux
d'artifice. Ils l'ont ensuite
utilisée pour faire des
canons et des grenades
explosives.

Pour calculer plus vite,
les Chinois ont inventé
le **boulier**. Les boules
du bas représentent
une unité, celles du haut
valent cinq unités.

Les **médecins** chinois savaient soigner
les malades avec toutes sortes de plantes.
Ils savaient aussi soigner en piquant avec une aiguille
certains points du corps : c'est l'**acupuncture**.

LA VIE DE BOUDDHA

Il y a plus de 2 500 ans, en Inde, un jeune prince enseigne aux hommes comment échapper au malheur et à la souffrance. La religion de Bouddha s'appelle le bouddhisme.

Selon la légende, **Bouddha** est le fils d'un roi du Népal, un pays qui s'étend au pied de l'Himalaya, au nord de l'Inde.

Pour lui éviter d'être malheureux, son père ne le laissait jamais voir la réalité. Or un jour, il rencontra un **vieil homme**, tout seul. Il vit aussi un **malade**, qui souffrait horriblement.

Et puis, le prince rencontra un cortège qui portait un **mort**. Il comprit alors que les hommes pouvaient être très **malheureux**.

Il rencontra un saint homme, qui **ne possédait rien** et ne voulait rien de plus. Il quitta sa femme et laissa ses richesses.

Il voyagea et réfléchit longtemps pour trouver comment les hommes pourraient ne plus être malheureux. Un jour, sous un figuier, il trouva la solution. Il reçut l'**illumination**. C'est pourquoi on l'appelle **Bouddha, « l'éveillé »**.

Bouddha passa le reste de sa vie à **expliquer** aux hommes ses idées, et leur apprit à **méditer**.

Après la mort de Bouddha, sa **religion** se répandit en **Asie**, en Chine et au Japon.

Les **statues de Bouddha** le représentent debout, en train d'enseigner, ou de méditer les jambes croisées.

Certaines statues de Bouddha sont **gigantesques**. Celle-ci le représente couché.

LA GRÈCE ANTIQUE

La Grèce est un petit pays qui a joué un grand rôle dans l'histoire du monde. Il y a 2 500 ans, les Grecs ont inventé la démocratie, la philosophie, le théâtre et créé de grandes œuvres d'art.

La Grèce est un pays de soleil, d'îles et de montagnes au bord de la mer **Méditerranée**.

La plus célèbre des cités grecques est **Athènes**. Elle est dominée par une colline, l'**Acropole**, où fut construit le **temple** de la déesse **Athéna**.

La plupart des villes grecques étaient construites au bord de la mer.

Les Grecs étaient de très bons **marins**. Ils faisaient du commerce dans toute la Méditerranée.

Il n'y avait pas de roi en Grèce. Les citoyens discutaient et votaient les lois. C'est la **démocratie**.

Les cités grecques se faisaient souvent la **guerre**.

Tous les hommes faisaient leur **service militaire**.

Les marins grecs ont fondé des ports, comme **Marseille**.

Les **architectes** grecs ont construit des monuments qui servent toujours de modèles.

Les **sculpteurs** faisaient des statues très ressemblantes.

Les Grecs fabriquaient de belles **poteries**.

Les Grecs ont joué les **premières pièces de théâtre**.

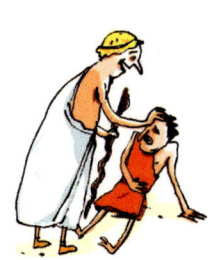
Le premier grand **médecin** est un Grec : **Hippocrate**.

Les **philosophes** faisaient réfléchir leurs élèves en discutant avec eux.

Les premiers grands **savants**, astronomes et mathématiciens, sont nés en Grèce.

Mais il y avait aussi de nombreux **esclaves**…

LA LÉGENDE DU MINOTAURE

La légende raconte que la femme de Minos, le roi de Crète, avait mis au monde un fils monstrueux à corps d'homme et à tête de taureau. Ce monstre, le Minotaure, terrorisait Athènes.

Tous les sept ans, Athènes devait livrer au Minotaure **sept jeunes femmes** et **sept jeunes hommes** pour qu'il les dévore.

Quand **Thésée**, fils d'Égée, roi d'Athènes, eut l'âge d'être livré au Minotaure, il décida d'aller le tuer.

Le Minotaure était enfermé dans un palais : le **Labyrinthe**, construit par le meilleur architecte du roi : **Dédale**. Le Labyrinthe était si grand, les pièces et les couloirs si nombreux que personne ne pouvait s'y retrouver, ni en sortir.

Thésée s'embarqua donc avec ses compagnons. Mais comment allait-il faire pour sortir, vivant, du Labyrinthe ?

Heureusement il rencontra **Ariane**, la fille du roi Minos qui tomba amoureuse de lui. Pour l'aider à retrouver son chemin dans le Labyrinthe, elle lui donna une **pelote de fil**, qu'il déroula en marchant vers le Minotaure.

Thésée tua le monstre endormi. Thésée et ses compagnons n'eurent plus qu'à suivre le **fil d'Ariane** pour trouver la sortie. Il rentra vainqueur à Athènes.

Furieux, Minos enferma Dédale et son fils **Icare** dans le Labyrinthe.

Pour s'échapper, Dédale fabriqua des **ailes** avec des plumes. Ils les attachèrent à leurs épaules avec de la **cire**.

Mais Icare voulut voler trop haut. **Le soleil fit fondre la cire**. Icare tomba et se noya dans la mer.

LES DIEUX DE L'OLYMPE

Les Grecs croyaient en de nombreux dieux. Ces dieux ressemblaient beaucoup aux hommes, mais ils étaient immortels et avaient des pouvoirs surnaturels.

Les principaux dieux étaient au nombre de **douze**. Ils vivaient sur **le mont Olympe**.

❶ **Zeus** est le roi des dieux, le maître du ciel, des orages : il tient un éclair à la main.

❷ Il est marié à la déesse **Héra** mais a des enfants avec bien d'autres femmes, ce qui rend Héra très jalouse.

❸ **Aphrodite** est la déesse de l'amour. Son fils, **Eros**, tire des flèches qui rendent amoureux.

❹ **Apollon** est le dieu du soleil, de la beauté et de la musique.

❺ **Poséidon** est le dieu de la mer. C'est le frère de Zeus. Il est armé d'un trident.

❻ **Dionysos** est né de la cuisse de Zeus. C'est le dieu de la nature, de la fête et du vin.

❼ **Artémis** est la sœur jumelle d'Apollon, C'est la déesse de la Lune. Elle passe sa vie à chasser et déteste les hommes.

❽ **Athéna**, déesse de l'intelligence, est sortie de la tête de Zeus, son père, avec sa lance, son casque et son bouclier. Elle protège Athènes.

❾ **Hermès** est le messager des dieux. Il porte des ailes à son chapeau et ses sandales.

❿ **Arès**, fort et brutal est le dieu de la guerre.

⓫ **Héphaïstos**, dieu du feu et des forgerons, boîte, car Zeus, en colère, l'a un jour poussé du haut de l'Olympe.

⓬ **Hadès**, un autre frère de Zeus, règne sur le monde souterrain où vivent les ombres des morts ; son royaume est gardé par **Cerbère**, le chien à trois têtes.

LES JEUX OLYMPIQUES

À Olympie, avaient lieu, tous les quatre ans, de grandes compétitions sportives en l'honneur de Zeus. C'étaient les jeux sportifs les plus célèbres de l'Antiquité.

Olympie était une petite cité grecque. Les jeux Olympiques avaient lieu à côté du temple de Zeus.

Les Grecs se faisaient souvent la **guerre**. Mais un mois avant les jeux Olympiques, les combats s'arrêtaient.

Les jeux duraient 5 jours. Ils attiraient une **foule** immense : le stade pouvait contenir jusqu'à 20 000 spectateurs.

Il y avait 13 **épreuves** : 10 pour les adultes, 3 pour les enfants.

Pour la **course de chevaux montés**, les cavaliers montaient sans selle.

Pour la **course en ligne**, les athlètes devaient parcourir **1 fois** la longueur du stade : 192,27 m.
Pour la **course double**, les athlètes devaient parcourir **2 fois** la longueur du stade.
Pour la **course longue**, les athlètes devaient parcourir **24 fois** la longueur du stade.

La **course de quadriges** était une course de chars attelés de **quatre** chevaux. Le conducteur s'appelait l'**aurige**.

Pour gagner l'épreuve de la **lutte**, il fallait jeter son adversaire 3 fois au sol.
Le **pancrace**, mélange de lutte et de pugilat, était le sport de combat le plus violent. Tous les coups étaient permis…

Le **pugilat**, combat à coups de poings, est l'ancêtre de la boxe.

Le **pentathlon** comportait 5 épreuves : le saut en longueur, le lancer du disque, le lancer du javelot, la course à pied et la lutte.

Le dernier jour des Jeux, les vainqueurs recevaient leur **récompense** dans le temple de Zeus : une simple **couronne** d'olivier. La fin des Jeux était célébrée par un immense banquet.

LES **DOUZE TRAVAUX** D'HERCULE

Hercule, Héraclès en grec, est l'un des plus grands héros de la mythologie grecque. Il était si fort et si courageux qu'il accomplit des travaux extraordinaires.

Hercule était le fils de Zeus et de la reine Alcmène. Quand Héra, la femme de Zeus, apprit que son mari avait eu un enfant avec une autre, elle entra dans une immense colère.

Elle fit déposer dans le berceau du petit Hercule deux énormes serpents pour le tuer. Hercule les étouffa à la force de ses petits poignets. C'était bien un héros.

Héra le fit alors piquer par le démon de la folie. Devenu fou, Hercule tua sa femme et ses enfants. Il fut alors condamné à effectuer douze travaux, plus difficiles les uns que les autres.

1. Il étrangla à mains nues le **lion de Némée**. Avec la peau de cette bête féroce, il se fit une armure.

2. Il tua l'**Hydre de Lerne**, un monstrueux serpents à 9 têtes.

3. Il attrapa le gigantesque **sanglier d'Érymanthe**.

4. Il captura vivante la **biche de Cérynie**.

5. Il tua de ses flèches les féroces **oiseaux du lac Stymphale**.

6. Il réussit à dompter le **taureau de Crète**.

7. Il captura les **juments du roi Diomède**, qui se nourrissaient de chair humaine.

8. Il tua la **reine des Amazones** et rapporta sa précieuse ceinture.

9. Il nettoya les **écuries d'Augias**, en détournant le cours d'un fleuve.

10. Il prit les **bœufs de Géryon** pour les offrir à Héra.

11. Il cueillit les **pommes d'or du jardin des Hespérides**, gardé par un dragon.

12. Enfin, il parvint à enchaîner **Cerbère**, le chien à 3 têtes qui gardait l'entrée du royaume des morts.

Hercule sortit vainqueur de toutes ces épreuves et de bien d'autres. Au moment où il allait mourir, Zeus, son père, le fit conduire sur l'Olympe.

LES AVENTURES D'ULYSSE

L'*Odyssée* raconte les histoires d'Ulysse aux mille ruses, qui naviga pendant dix ans sur les mers avant de pouvoir retrouver son île d'Ithaque, où l'attendait sa femme Pénélope.

Depuis dix ans, l'armée grecque assiégeait la ville de **Troie** car **Pâris**, un des fils du roi de Troie, avait enlevé la **belle Hélène**. Le rusé **Ulysse** eut alors l'idée de construire un très grand **cheval de bois** et d'y cacher les soldats grecs.

Les navires grecs firent semblant de partir : les Troyens firent entrer le cheval dans leur ville…

Ils furent presque tous massacrés.

Croyant rentrer dans son île d'**Ithaque** après la victoire des Grecs, **Ulysse** s'embarqua sans le savoir pour un très long et dangereux **voyage**. Sans cesse, il frôla la mort et s'en tira toujours grâce à sa ruse et à son courage.

Il réussit à échapper au **cyclope Polyphème**, un géant mangeur d'hommes, qui n'avait qu'un œil au milieu du front. Ulysse le tua pendant son sommeil en lui crevant l'œil avec un pieu.

Il séduisit la **magicienne Circé**, qui avait transformé ses compagnons en cochons.

Puis Ulysse arriva sur la **mer des Sirènes**. Le chant merveilleux de ces monstres marins au corps d'oiseau et à tête de femme rendait fous les marins. Pour résister, Ulysse se fit attacher au mât de son navire.

De **retour à Ithaque**, une dernière épreuve l'attendait. Les princes voisins qui s'étaient installés chez lui pendant son absence voulaient obliger sa femme à choisir un nouveau roi parmi eux. Déguisé en mendiant, Ulysse les tua tous.

LES BATAILLES D'ALEXANDRE LE GRAND

Grâce à sa puissante armée, appelée la phalange, le roi Philippe de Macédoine réussit à s'emparer de toute la Grèce. À l'âge de 20 ans, son fils Alexandre partit à la conquête du monde.

L'histoire d'**Alexandre** est la plus extraordinaire **aventure guerrière** de tous les temps.

En une dizaine d'années, Alexandre conquit tout sur son passage. Il fonda de nombreuses villes qu'il appela toutes **Alexandrie**.

Il arriva jusqu'aux **portes de l'Inde** où il battit le roi Poros et son armée d'éléphants, au pied de l'Himalaya.

Mais ses soldats étaient fatigués et voulaient rentrer en Grèce.

Alexandre **mourut** sur le chemin du retour à l'âge de **33 ans**.

À 15 ans, Alexandre réussit à dompter un cheval réputé indomptable, **Bucéphale**. C'est avec lui qu'il partit conquérir le monde.

Partis de Grèce, Alexandre et son armée sont allés jusqu'en Inde.

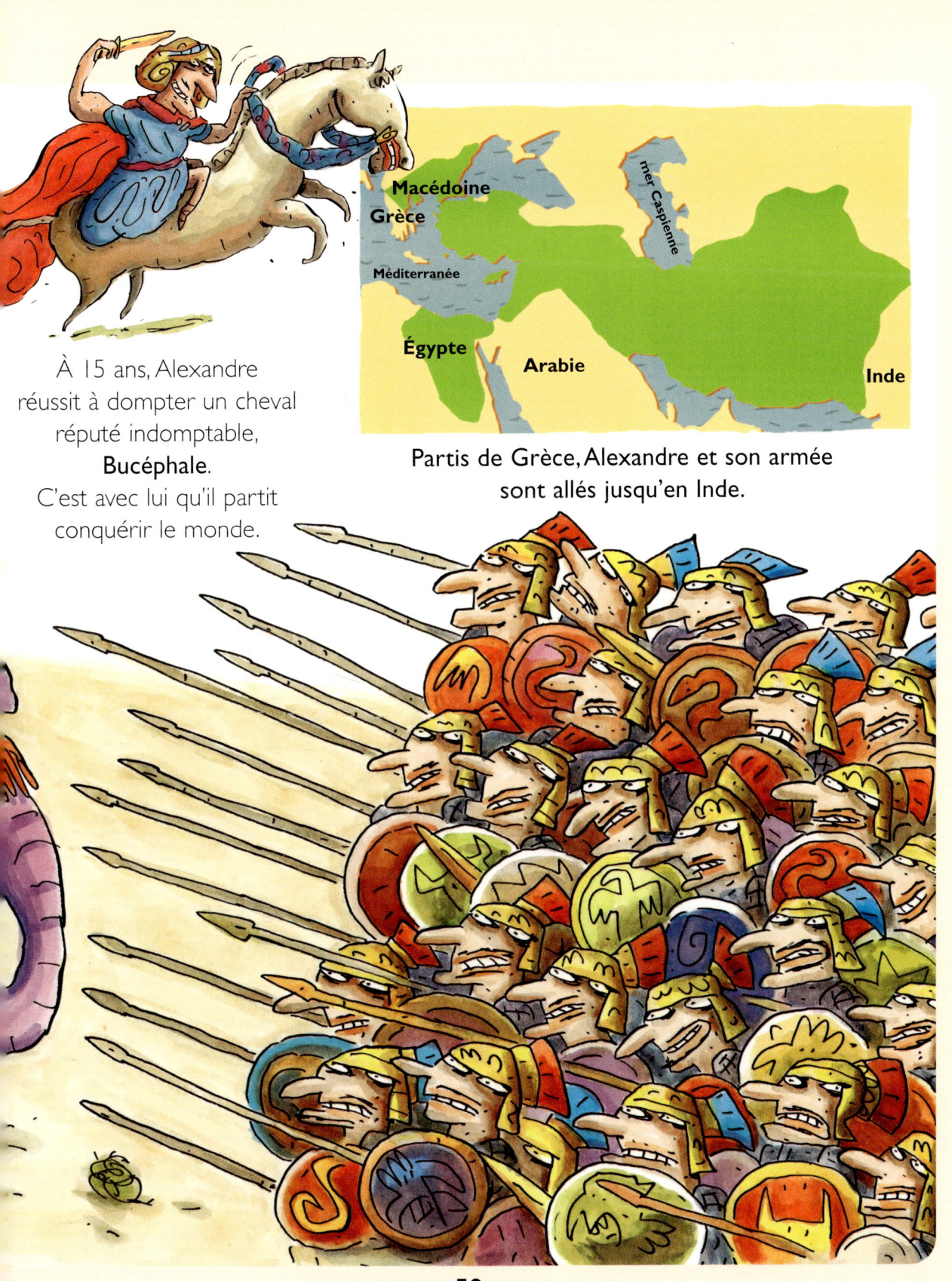

ROME, CAPITALE DU MONDE

L'histoire de Rome est celle d'une petite ville d'Italie qui, en quelques siècles, est devenue la plus grande ville du monde, la capitale d'un immense empire.

Rome était une ville magnifique, toujours en travaux, avec de grands **palais**, de belles **maisons**, des **temples**, des **arènes**, des **théâtres**, des **bains**, des **arcs de triomphe**…

Rome et son empire étaient gouvernés par des **empereurs**.

Les **nobles citoyens** romains faisaient partie du **Sénat**, mais c'était l'empereur qui avait tous les pouvoirs.

Les empereurs romains ont fait construire de nombreux **monuments** pour célébrer leur grandeur et commémorer leurs victoires : des arcs de triomphe, des colonnes, des théâtres, des bains, etc.

La légende raconte que Rome a été fondée par des jumeaux élevés par une louve : **Remus** et **Romulus**.

LES JEUX DU CIRQUE

Les Romains adoraient les spectacles : surtout les courses de chars et les combats de gladiateurs. Les empereurs en organisaient beaucoup pour amuser le peuple et l'empêcher de se révolter.

Les **courses de chars** se déroulaient dans les cirques. Celui de **Rome** pouvait recevoir 300 000 spectateurs.

Les **chars** étaient tirés par **quatre chevaux**. Ils devaient faire quatre fois le tour de la piste.

Le public **pariait** sur son conducteur de char préféré, en choisissant sa **couleur**.

Les **gladiateurs** étaient des esclaves condamnés à mort. Ils s'entraînaient dans des écoles de gladiateurs. Ils avaient toutes sortes d'armes pour rendre les combats plus excitants.

Les **combats de gladiateurs** avaient lieu dans les **amphithéâtres**. Le vaincu était presque toujours tué. Les spectateurs aimaient les **combats sanglants** qui opposaient les **gladiateurs** à des bêtes féroces.

Les cirques pouvaient être inondés ; on y faisait alors des **naumachies**, des combats navals qui opposaient des bateaux. Cela coûtait très cher, c'était brutal et cruel, mais les Romains adoraient cela.

Le **rétiaire** était armé d'un trident et d'un filet.

Le **samnite** portait un casque rond, un bouclier, et une épée.

L'ARMÉE ROMAINE

C'est grâce à leur armée que les Romains ont conquis de nombreux pays. Elle était très bien organisée. Tous les citoyens de 17 à 60 ans en faisaient partie. Ils étaient répartis selon leur fortune.

L'armée romaine était organisée en **légions** de 6 000 hommes, commandés par 6 **tribuns** militaires. Chaque légion avait son **porte-enseigne**.

Chaque soldat devait **payer son équipement**.
Les jeunes soldats avaient une lance, les autres un javelot plus court.

L'**Empire romain** était gigantesque. Il comprenait tous les pays autour de la **Méditerranée**. Les Romains appelaient d'ailleurs la Méditerranée « Notre mer » (*mare nostrum* en latin).

Pour la **bataille**, les soldats étaient disposés sur **trois rangs**. Les plus jeunes soldats, les *hastati*, étaient au premier rang. Ils avaient une lance. Au deuxième rang, les hommes d'âge mûr, les *principes*, portaient des javelots. Les *triarii* étaient les plus âgés et les plus expérimentés des légionnaires. Ils étaient au dernier rang et passaient à l'attaque à la fin de la bataille.

Pour se protéger, les soldats faisaient la **tortue** avec leurs boucliers.

LES **GAULOIS**

**Les Gaulois vivaient dans de petits villages au milieu des forêts.
Ils cultivaient du blé et élevaient de nombreux animaux :
des chevaux, des vaches, des moutons et des cochons.**

Les Gaulois vivaient en **tribus** formées de grandes familles. Chaque tribu avait son **chef**.
Les Gaulois étaient de bons **forgerons** : ils fabriquaient des charrues et des tonneaux.
Ils savaient aussi faire de très beaux **bijoux**.

Lors de la fête de juin, les druides cueillaient le gui des chênes sacrés avec une serpe d'or.

Il y a 2 000 ans, le chef romain **Jules César** décida de conquérir la Gaule.

Le Gaulois **Vercingétorix** appela toutes les tribus gauloises à s'unir pour combattre les Romains.

Mais Vercingétorix perdit la guerre et la **Gaule** devint une partie de l'**Empire romain**.

Les Celtes avaient de nombreux dieux. Leurs prêtres étaient des **druides**. C'étaient les hommes les plus instruits. Les **bardes** composaient de la musique et des poèmes.

CÉSAR ET VERCINGÉTORIX

Avec Jules César, les Romains partirent à la conquête de la Gaule. À la fin de la guerre contre César, le chef gaulois Vercingétorix se réfugia à Alésia.

César ordonna aux légionnaires romains d'encercler la ville et de construire deux rangées de murailles : l'une pour empêcher **Vercingétorix** de fuir, l'autre pour empêcher les autres armées gauloises de venir à son secours. Les Romains installèrent leur **camp** entre les deux murailles. Vercingétorix était prisonnier. Au bout de deux mois, il n'y avait plus rien à manger à Alésia. Les Gaulois étaient épuisés, tandis que les Romains étaient en pleine forme. **Vercingétorix dut se rendre**. César avait gagné.

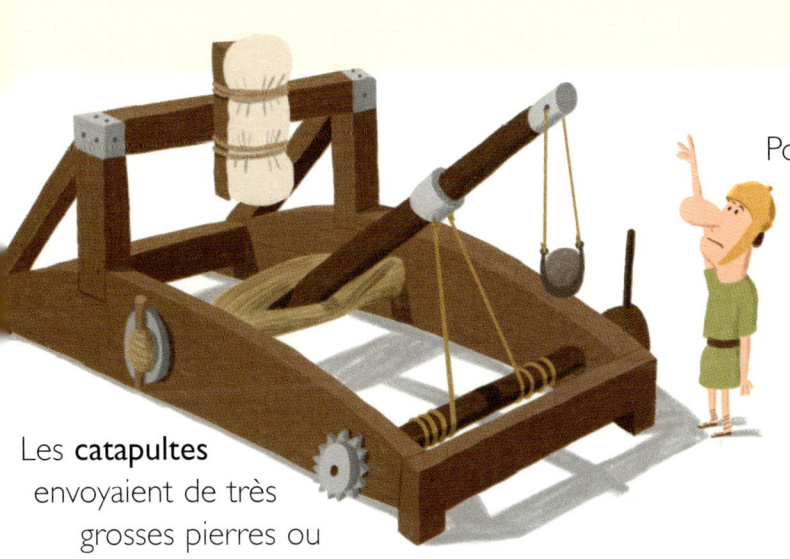

Les machines de siège
Pour prendre les villes ennemies, les Romains avaient de redoutables machines.

Les **catapultes** envoyaient de très grosses pierres ou des flèches enflammées.

Le **bélier** était utilisé pour enfoncer les portes des villes.

La **tour de siège** était la machine qui faisait le plus peur aux assiégés. Les soldats la poussaient grâce à ses roues, puis ils grimpaient dedans pour escalader les murailles.

Les *vinae*, galeries de bois étaient recouvertes de peaux fraîches qui résistaient aux objets enflammés.

POMPÉI

Au temps des Romains, le Vésuve est entré en éruption. En quelques heures, la ville de Pompéi a été recouverte par les cendres du volcan. Des siècles plus tard, on a tout retrouvé, parfaitement conservé sous la cendre : les maisons, les habitants, et même les chiens.

Les plus riches vivaient dans de belles **villas** décorées de marbre. Au milieu, il y avait une cour et un bassin alimenté par les eaux de pluie. On ne s'y baignait pas.

Les riches maisons de Pompéi étaient décorées de **peintures**, de **mosaïques** de couleurs vives et de **sculptures**.

Sous la cendre, on a retrouvé intactes les **rues** de Pompéi, avec les temples, les statues aux carrefours, les charrettes transportant des amphores pleines de vin, et même les corps des vendeurs ambulants et des marchands.

Les riches Romains aimaient organiser de **grands repas**. Ils étaient servis par leurs **esclaves**. Ils mangeaient avec leurs doigts, à demi allongés sur des banquettes. Ils mangeaient souvent trop. Certains se faisaient même vomir pour pouvoir recommencer.

Comme à Pompéi, dans toutes les villes romaines il y avait des **thermes**, des bains publics où l'on retrouvait ses amis. À côté des bains de vapeur et des piscines d'eau chaude, tiède ou glacée, il y avait des salles de massage, des salles de sport, et parfois une bibliothèque.

LA VIE DE JÉSUS

Jésus a vécu il y a 2 000 ans, en Palestine. Il a fondé une importante religion : le christianisme. Les chrétiens croient que Jésus est le fils de Dieu. Sa vie est racontée dans les Évangiles.

Jésus est le fils de **Marie**, l'épouse du charpentier **Joseph**. Jésus est né à **Bethléem**, dans une étable.

Pour échapper aux tueurs envoyés par le roi **Hérode**, Joseph, Marie et Jésus s'enfuirent en **Égypte**.

À l'âge de 12 ans, Jésus était déjà si **savant**, il parlait si bien, que les prêtres faisaient cercle autour de lui pour l'écouter.

Devenu adulte, Jésus alla trouver **Jean-Baptiste**. Celui-ci **baptisa** Jésus dans les eaux du **Jourdain**.

Jésus disait que **les hommes étaient tous frères** et qu'ils devaient **s'aimer les uns les autres**.

Des foules nombreuses venaient l'écouter. Il était accompagné de **douze apôtres**, ses compagnons les plus proches.

Les Évangiles racontent que Jésus faisait des **miracles** : il emplissait de poissons les filets des pêcheurs, guérissait les malades, redonnait la vue aux aveugles et ressuscitait les morts.

Jésus savait que ses ennemis allaient le tuer. Il réunit ses disciples, pour un dernier repas : la **Cène**.

Il fut **crucifié**. Mais ceux qui croient en lui affirment que, le troisième jour, son tombeau était vide et que Jésus était **ressuscité**.

LA VIE DE MAHOMET

Longtemps après Jésus, un jeune marchand d'Arabie, Mahomet entend l'ange Gabriel lui transmettre les paroles de Dieu : Allah est le Dieu de tous les hommes. Une nouvelle religion est née : l'islam.

Mahomet est né à **La Mecque**, en Arabie, en 570. Très jeune, il conduisit des caravanes à travers le désert. Il épousa sa patronne, **Khadidja**.

À l'âge de 40 ans, Mahomet eut une **vision**. L'**ange Gabriel** lui révéla que chaque homme doit croire et servir un seul Dieu : **Allah**.

Mais, à l'époque, les hommes d'Arabie croyaient en plusieurs dieux. Ils ne voulaient pas changer de religion. Ils **chassèrent Mahomet de La Mecque**.

Mahomet s'installa à **Médine** et fonda la première communauté de **musulmans**. L'**islam** était né et allait se répandre dans le monde entier. Mahomet est son prophète.

Le **message de Dieu** a été transcrit en arabe dans un livre sacré : le **Coran**.

Le croyant doit faire sa **prière 5 fois par jour** en se tournant vers La Mecque. Pour prier, les musulmans peuvent se retrouver à la **mosquée**.

Le musulman doit aider les pauvres. Il doit aussi respecter le **jeûne** pendant le mois du **ramadan**.

Enfin, le croyant doit effectuer, s'il en a les moyens, au moins une fois dans sa vie, un **pèlerinage à La Mecque**, en Arabie.

LES MILLE ET UNE NUITS

Aladin et la lampe merveilleuse, Ali Baba et les quarante voleurs, SIndbad le marin sont les héros des *Mille et Une Nuits*, un fabuleux recueil de contes arabes.

Pour se venger de sa première femme, le **roi de Perse** avait décidé de prendre chaque jour une nouvelle femme, et de la tuer le lendemain ! **Schéhérazade** accepta de l'épouser et pendant 1 001 nuits elle lui raconta tant d'histoires qu'il oublia de la tuer !

Ali Baba est un pauvre marchand, qui découvre par hasard la formule magique « Sésame, ouvre-toi ! », qui permet d'entrer dans la caverne où les quarante voleurs ont entassé leur trésor.

Aladin est le fils d'un pauvre tailleur. Il va jusqu'au centre de la Terre chercher une **lampe merveilleuse**. Elle est habitée par un génie qui exauce tous ses souhaits. Ainsi, il épousera une belle princesse, voyagera sur un tapis volant et deviendra riche et puissant.

Sindbad le marin va faire sept merveilleux voyages…
Au Moyen Âge, les navigateurs arabes étaient de très bons marins.
Ils ont inventé toutes sortes d'instruments qui ont beaucoup amélioré la navigation.

LES MAYAS ET LES AZTÈQUES

Avant l'arrivée de Christophe Colomb, les peuples indiens qui vivaient au centre du continent américain avaient créé de puissants empires. Les plus célèbres sont les Mayas et les Aztèques.

Les nombreuses **cités mayas** étaient gouvernées par des princes et des prêtres. Les Mayas cultivaient le maïs. Ils adoraient des dieux mi-hommes mi-animaux, et le dieu Jaguar. Pour ces dieux, ils ont construit d'énormes pyramides avec un temple au sommet.

Les **Aztèques** vivaient au **Mexique**. Les personnages les plus importants étaient les **guerriers** et les **prêtres**. Pour honorer leurs dieux qui se nourrissaient de sang, les Aztèques pratiquaient des **sacrifices humains**.

Le principal dieu des Aztèques était le dieu de la Vie, **Quetzalcoatl**, le « serpent à plumes ».

Au cours des cérémonies religieuses, les Aztèques jouaient à un **jeu de balle** qui ressemble à la pelote basque. Les joueurs ne devaient toucher la balle qu'avec les hanches, les genoux et les fesses. On pense que, à la fin d'un match, les perdants étaient mis à mort.

LES INCAS

Les Incas vivaient dans les montagnes de la cordillère des Andes. Ils étaient dirigés par un empereur tout-puissant, l'Inca, considéré comme le fils du Soleil, le dieu le plus important.

La capitale des Incas était **Cuzco**. Ses monuments étaient construits en énormes pierres au centre de la ville. Le **palais de l'Inca** et le temple du Soleil étaient recouverts de **feuilles d'or** qui brillaient au soleil. Un autre grande cité inca, **Machu Picchu**, était si bien cachée que les conquérants espagnols ne l'ont jamais trouvée.

Le peuple travaillait pour l'Inca, pour les dieux et leurs prêtres. Ils **cultivaient** les **tomates**, le **maïs**, les **haricots**, les **pommes de terre** et élevaient des **dindes**. Ils fabriquaient aussi de très beaux tissus en **laine** d'**alpaga** ou de **lama**.

Il y avait de nombreuses **fêtes** pour honorer les dieux, et particulièrement le **dieu Soleil**.

Les Incas fabriquaient de superbes **bijoux**. Leur métal préféré était l'**or**, qu'ils appelaient la « sueur du Soleil ».

LE TEMPS DES CHÂTEAUX FORTS

À cette époque, il y avait trois catégories de gens : ceux qui priaient, les prêtres et les moines ; ceux qui faisaient la guerre, les seigneurs et les chevaliers ; et tous les autres, riches ou pauvres, qui devaient travailler pour vivre.

Les **évêques** et les **rois** étaient les personnages les plus importants.

Les **pèlerins** faisaient de grands voyages à pied pour rejoindre les lieux saints. Les routes étaient dangereuses, mais ils espéraient ainsi aller au Paradis.

Les **moines** vivaient dans des **monastères**. Ils se consacraient à la prière, à l'étude, aux travaux des champs et à l'accueil des pauvres.

Les **seigneurs** possédaient presque toutes les terres. Ils étaient les seuls à avoir le droit de chasser. C'était interdit aux paysans.

Le seigneur prêtait une **parcelle de terre** à ses **paysans** en échange d'une partie de leur récolte. Tout le monde devait travailler dans les champs, y compris les enfants.

La vie des paysans était difficile… Mais les jours de grandes **fêtes**, ils se réunissaient autour d'un vrai **repas**.

Les **marchands** vivaient dans les villes. Ils vendaient du pain, de la viande, mais aussi des bijoux, des tissus, des fourrures, des draps…

Les gens ne vivaient pas très vieux. Il y avait souvent des **famines** et de très graves **épidémies**.

L'APPRENTISSAGE DU CHEVALIER

Le métier des chevaliers, c'était de se battre, de faire la guerre. Leur équipement coûtait cher. Ils devaient donc être riches. L'apprentissage était long et difficile. La vie d'un jeune page était bien remplie.

Pour apprendre à vivre en chevalier, le jeune noble quittait sa famille, et était confié à un grand seigneur, ami de ses parents. Il commençait par être **page**.

Les **armes** étaient très importantes pour le chevalier. Le page apprenait à en prendre soin, et à bien s'en servir.

Apprendre à bien **monter à cheval** était essentiel pour le futur chevalier, car au combat il lui faudrait porter une très lourde armure.

Il devait aussi **entraîner son cheval** à ne pas avoir peur pendant les batailles.

À la fin de son apprentissage, le jeune page devenait enfin chevalier au cours d'une cérémonie religieuse, l'**adoubement**, où il s'engageait à aider les plus faibles. Le seigneur, son parrain, lui frappait l'épaule du plat de son épée et lui remettait ses armes.

Le nouveau chevalier était prêt à partir à la **guerre** et à **combattre** avec son seigneur.

L'**armure** recouvrait tout le corps, et il était impossible de reconnaître les chevaliers. C'est pourquoi ils faisaient peindre les armoiries de leur famille sur leur bouclier, l'**écu**.

Les chevaliers japonais s'appellent les **samouraïs**. Ils portaient un grand casque à cornes pour effrayer leurs adversaires. Ils étaient armés de deux sabres, tranchans comme des rasoirs.

L'ATTAQUE DU CHÂTEAU

Les châteaux forts étaient protégés par de hautes murailles et de grosses tours. Ils étaient très difficiles à prendre. Il valait mieux attendre qu'il n'y ait plus rien à manger dans le château.

Les châteaux forts étaient souvent construits sur une colline et entourés d'un **large fossé** rempli d'eau.

Les attaquants essayaient par tous les moyens d'entrer dans le château. Ils escaladaient les murs avec des **échelles** ou une **tour de bois**, lançaient des projectiles par-dessus les murailles avec un « lance-pierres » géant, le **trébuchet**.

Les **hourds** étaient des galeries de bois accrochées en haut des murs. On jetait des projectiles par les trous du plancher.

Certains étaient armés d'**arbalètes**…

ou de **masses** d'armes.

Le **bélier** servait à défoncer les portes du château.

La **catapulte** servait à lancer de grosses pierres pour détruire les murailles.

Les **canons** lançaient des boulets de pierre.

Quand le château était attaqué, on relevait le **pont-levis**. Tout le monde se réfugiait dans la cour du château, protégée par une haute **muraille**. Les armes et les provisions étaient entreposées dans le **donjon**, où vivaient le seigneur et sa famille. Les défenseurs du château, cachés derrière les **créneaux**, tiraient des flèches et jetaient de l'eau bouillante sur leurs ennemis.

LA VIE AU CHÂTEAU

Beaucoup de monde vivait au château : le seigneur et sa famille, des soldats, des tailleurs et des cordonniers, des forgerons, des charpentiers, de nombreux serviteurs et même un prêtre.

Le seigneur et sa famille habitaient dans le **donjon**, au centre du château. Les pièces étaient chauffées par d'immenses **cheminées** et éclairées en permanence par des **chandelles** ou des torches. Le seigneur disposait d'une pièce spéciale, le **parloir**, pour s'isoler, jouer aux échecs… Au pied du donjon, dans la **basse cour** qui était entourée de hautes murailles, il y avait des maisons, des étables, la forge…

La distraction préférée des seigneurs était les **tournois**.
Comme dans un **combat**, les chevaliers s'élançaient au galop l'un contre l'autre.
Le vainqueur était celui qui parvenait à faire tomber son adversaire avec sa lance.
Les tournois étaient annoncés longtemps à l'avance.
Tous les chevaliers du pays s'y rendaient, pour montrer leur vaillance aux nobles
et aux dames qui étaient dans les tribunes. Certains portaient accrochées à leur lance
les couleurs de la dame dont ils étaient amoureux.

LA GUERRE DES CHEVALIERS

**Les seigneurs et les princes se faisaient souvent la guerre.
Les chevaliers combattaient à cheval.
Ils étaient aidés par des soldats à pied.**

Pour les batailles, les chevaux étaient **harnachés**. Ces chevaux de combat s'appelaient des **destriers**.

Les chevaliers portaient une cotte de mailles, le **haubert**. C'était une sorte de tunique en métal, qui descendait jusqu'aux genoux et couvrait aussi le cou et les mains. Un casque, le **heaume**, protégeait le cou et le nez, parfois même tout le visage. L'**épée** était plate et tranchante. Elle mesurait un mètre de long. La **lance** était encore plus longue, et beaucoup plus lourde.

L'**armure** du chevalier était si lourde que, s'il tombait de son cheval, il ne pouvait plus se relever.
Il était alors fait **prisonnier**, et devait verser une **rançon** pour être libéré.

Pour les paysans, la guerre était un grand **malheur**. Entre les batailles, les soldats n'étaient pas payés. Ils parcouraient le pays en volant et pillant.

Les cultures étaient ravagées. Les gens n'avaient plus rien à manger. Trop faibles, ils ne pouvaient résister aux maladies.

LA VIE DANS LES CAMPAGNES

Au temps des châteaux forts et des chevaliers, presque tout le monde était paysan. Hommes, femmes, enfants, tous travaillaient dans les champs autour du château, sur les terres du seigneur.

Toute la nourriture, tous les vêtements, presque toutes les richesses étaient produites par le travail des **paysans**. Lorsque les **récoltes** étaient mauvaises, tout le monde en souffrait. Cela arrivait souvent car, à cette époque, il n'y avait pas d'engrais.

Le **blé** et le **seigle** étaient les principales cultures. Les paysans devaient les cueillir **à la main**, avec une faucille. C'était très long.

Les paysans portaient les **bottes de blé** sur leur **dos**.

Avec les grains de blé et de seigle, on faisait de la **farine** au **moulin**. Le moulin appartenait au seigneur.

Les paysans devaient payer des **impôts** au seigneur. Ils devaient aussi travailler pour lui certains jours de l'année : c'était la **corvée**.

Tous les habitants des villages se retrouvaient les jours de **foire**. C'était la **fête** !

Les paysans **mangeaient** ce qu'ils cultivaient – du pain et de la bouillie de seigle, des choux – mais aussi du lard, des œufs et des poissons.

VISITE À LA VILLE

Au début du Moyen Âge, il y avait peu de villes, et elles étaient très petites. Puis elles ont grandi, grâce aux artisans et aux marchands qui fabriquaient et vendaient toutes sortes d'objets.

Les **maisons** étaient construites en **bois**. Elles brûlaient facilement.

Il n'y avait pas d'eau dans les maisons. Les gens allaient se laver dans les bains publics, les **étuves**.

Les **ateliers** des **artisans** étaient situés au rez-de-chaussée de leur maison.

Les habitants de la ville faisaient toutes sortes de **métiers** : ils étaient tailleurs, bouchers, cordonniers, armuriers. Dans les **boutiques** des marchands, on trouvait de la nourriture, des tissus…

Artisans et **commerçants** se regroupaient selon leur spécialité : il y avait la rue des bouchers, le quai des orfèvres, etc.

Chaque métier avait sa propre **enseigne**, son propre drapeau

Les rues grouillaient de monde. La chaussée était le plus souvent **boueuse**. Comme il n'y avait pas encore d'égout, les ordures étaient jetées dans la rue.

LE TEMPS DES CATHÉDRALES

À la ville comme à la campagne, l'église était le centre de la vie des gens. Les cloches sonnaient pour appeler à la prière, avertir des dangers, célébrer les grandes fêtes et les moments importants de la vie : la naissance, le mariage, la mort.

Toutes les villes voulaient avoir de très grandes églises où tout le monde pourrait se rassembler. Ce sont les **cathédrales**.

Les **architectes**, de plus en en plus habiles, sont arrivés à en construire de très hautes avec de grandes fenêtres.

Devant le portail, on jouait des **mystères** : des pièces de théâtre qui parlent du Paradis et des Saints, de l'Enfer et du Diable.

L'INVENTION DE L'IMPRIMERIE

Avant l'invention de l'imprimerie, il n'y avait que des livres écrits et recopiés à la main, un par un. C'était très long. Tout a changé lorsque Gutenberg a inventé l'imprimerie…

❶ Les **ouvriers** composent chaque page du livre en disposant sur des planches les petits **caractères** en métal correspondant à des lettres.

❷ Quand la planche est remplie, un ouvrier l'enduit d'**encre**.

❸ La planche est mise dans la **presse**. On pose dessus

Quand l'imprimerie n'existait pas, c'étaient les **moines** qui copiaient et illustraient les livres. Ils ne pouvaient écrire qu'une page à la fois, alors qu'il suffit de changer de feuille de papier pour imprimer une nouvelle page. Fabriqués plus vite, les livres sont devenus moins cher et beaucoup plus de gens ont pu en avoir.

une feuille de papier humide, et on serre avec la grosse vis. Puis on recommence avec une autre feuille ou une autre planche.

❹ Les feuilles sont ensuite mises à **sécher**.

❺ Réunies toutes ensemble, elles forment les **pages** du livre.

DANS L'ATELIER D'UN PEINTRE

En Italie, les princes vivaient dans de magnifiques palais. Des peintres, des sculpteurs travaillaient pour eux, entourés d'aides et de jeunes apprentis.

Dans les **ateliers** des peintres ou des sculpteurs, on travaillait en équipe.
On discutait, on cherchait des idées, on étudiait le corps humain.
Les clients et les amis venaient en visite. Les jeunes **apprentis** apprenaient
le métier d'artiste pendant de longues années.
Ils fabriquaient les pinceaux avec des queues d'écureuil ou des soies de porc,
ils préparaient les couleurs en écrasant des terres ou des pierres colorées.
Au bout de quelques années, ils commençaient à dessiner
et à peindre des parties de tableaux.

LES CARAVELLES

Les caravelles, comme celles de Christophe Colomb, étaient d'excellents voiliers, capables de naviguer sur toutes les mers et de résister aux fortes tempêtes.

Les caravelles n'étaient pas très grandes. Elles avaient **trois mâts** et cinq voiles. Elles avançaient vite, grâce à leur **grande voile** carrée.

grande voile

grand mâ

cales

De nouveaux **instruments de navigation** ont permis aux navigateurs de mieux se diriger sur l'océan.

Le **gouvernail** permettait de manœuvrer ces lourds bateaux.

Grâce à la **boussole** ❶, les navigateurs peuvent trouver plus facilement leur route. L'**astrolabe** ❷ permet de repérer l'endroit où se trouve le bateau. Le **compas** ❸ est un instrument qui indique la direction du nord.

Les **cales** du bateau étaient remplies de provisions pour le trajet : tonneaux d'eau douce, volailles, viandes salées, sacs de farine très appréciés des rats et des vers…

CHRISTOPHE **COLOMB**

Il y a plus de 500 ans, on croyait que la Terre était plate, qu'il n'y avait qu'un seul océan. On ne connaissait que l'Asie et un peu l'Afrique. Les navigateurs ne s'étaient jamais aventurés vers le large.

Pourtant, des savants affirmaient que la Terre est ronde. Le navigateur **Christophe Colomb** pensait qu'en traversant l'océan, il pourrait rejoindre l'Asie en faisant le tour de la Terre.

Christophe Colomb persuada le **roi** et la **reine** d'**Espagne** de l'aider à réaliser son projet. Ils lui donnèrent 3 **caravelles** : La *Niña*, la *Pinta* et la *Santa Maria*.

Christophe Colomb s'embarqua avec 90 marins. Le **voyage** dura deux mois. Au moment où les marins commençaient à avoir peur…

…ils arrivèrent sur une terre inconnue. Chrsitophe Colomb crut qu'ils avaient atteint l'**Asie**.

Comme il croyait être arrivé en Inde, il appela les habitants des **Indiens**.
En réalité, il était arrivé aux **Antilles**, des îles qui se trouvent à l'est d'un continent que personne ne connaissait. Plus tard, on a appelé ce continent l'**Amérique**.

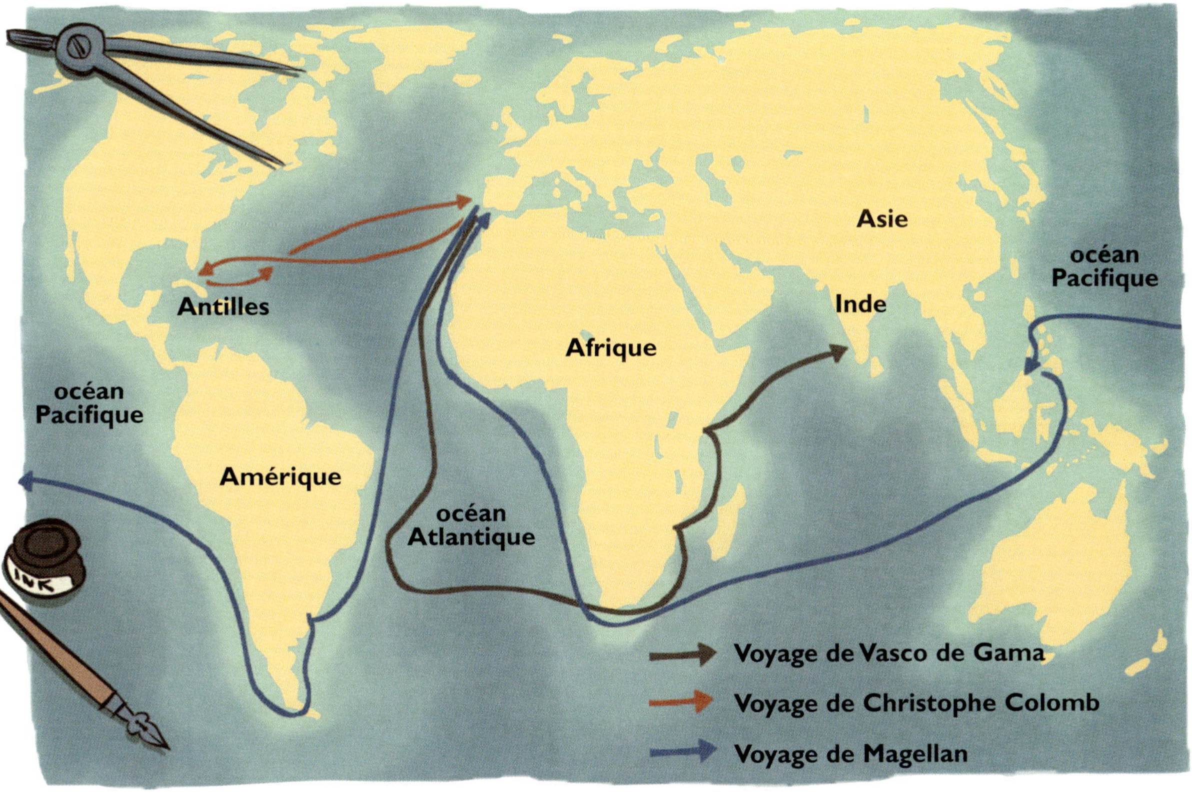

→ Voyage de Vasco de Gama
→ Voyage de Christophe Colomb
→ Voyage de Magellan

Avant Christophe Colomb, **Vasco de Gama** avait contourné l'Afrique, et atteint l'Inde. Ensuite, Fernand de **Magellan** contourna l'Amérique et arriva dans un océan inconnu : le Pacifique. Il mourut en route, mais un de ses navires revint : la Terre était bien ronde !

LES **CONQUISTADORS**

Après la découverte de l'Amérique par Christophe Colomb, quelques aventuriers partirent à la conquête du « Nouveau Monde ». Ils voulaient trouver de l'or et devenir riches. C'étaient les conquistadors.

Les conquistadors étaient peu nombreux, mais ils avaient des **canons**, des **fusils** et des **chevaux**. Les Indiens n'en avaient jamais vu. Les conquistadors n'eurent pas beaucoup de mal à s'emparer des pays des **Aztèques** et des **Incas**, et de toutes leurs richesses.

Dans sa jeunesse, le conquistador **Francisco Pizarro** n'était qu'un pauvre gardien de cochons. Mais il rêvait de découvrir les trésors des Incas. Avec ses frères, ses compagnons et une centaine de soldats, il chercha pendant trois ans le fabuleux pays de l'or : l'**Eldorado.**

Un jour enfin, ils trouvèrent les fameux temples couverts d'or et d'argent du dieu Soleil. Tous ceux qui résistaient étaient tués. Pizarro captura l'empereur **Atahualpa**. Il promit de le libérer en échange d'une énorme rançon. Atahualpa donna tous ses trésors…

… mais Pizarro le fit **étrangler** peu après. **L'Empire inca disparut.** Les Indiens durent travailler pour les nouveaux maîtres. Aujourd'hui en Amérique du Sud, on parle espagnol mais on est fier des grands ancêtres indiens.

SOLIMAN LE MAGNIFIQUE

Istanbul, en Turquie, est une des plus belles villes du monde. Beaucoup de ses palais et de ses mosquées ont été construits par le grand empereur Soliman le Magnifique.

L'empire turc était riche, puissant et très bien gouverné par son empereur, le **sultan**. Il était aidé par son Premier ministre, le **Grand vizir**.

Les meilleurs **soldats** de l'armée étaient les **janissaires**. Leur courage et leur férocité étaient légendaires. Pour défiler, ils portaient des tenues extraordinaires.

Les sultans habitaient un somptueux **palais** : **Topkapi**.

Soliman le Magnifique a été un grand conquérant. Il a mené de nombreuses expéditions pour agrandir son empire.

Au centre d'Istanbul, il y avait un grand marché couvert, appelé le **Grand Bazar**.
Les marchands y vendaient de belles céramiques, des tapis, des bijoux, des tissus.
Tout le monde aimait s'y retrouver. Quand le soir tombait, on refermait ses 18 portes.

LE **CHÂTEAU** DE **VERSAILLES**

Louis XIV avait 5 ans quand il est devenu roi de France. Il a régné très longtemps. Pour abriter sa cour, il a fait construire un château immense et magnifique, à Versailles, près de Paris.

Le **chantier** du château de Versailles a duré plus de **25 ans**.
36 000 ouvriers y ont travaillé chaque année.
Louis XIV surveillait attentivement les travaux.

Louis XIV voulait que Versailles soit le plus beau château du monde. La Grande Galerie est ornée d'immenses miroirs où se reflètent ses 17 fenêtres. On l'appelle la **galerie des Glaces**.

Le roi était très fier de ses **jardins**, dessinés par le grand jardinier **Le Nôtre**. Ils étaient décorés de magnifiques parterres de fleurs, de buissons bien taillés, de bassins, de fontaines et de statues. Tous les princes et les rois d'Europe ont imité ce château.

LA JOURNÉE DU ROI-SOLEIL

Louis XIV était un roi tout-puissant. Tout le monde devait lui obéir. Il gouvernait seul avec quelques ministres, travaillait beaucoup. Tous les grands seigneurs voulaient vivre près de lui, à Versailles.

Le matin, quand le roi s'éveillait vers 8 heures, seuls les plus grands seigneurs et les plus nobles dames de la cour avaient le droit d'assister à son **lever**. C'était un grand privilège que de lui passer sa chemise.

Aider le roi à sa **toilette** était un honneur. Le roi ne se lavait que le visage et les mains, mais il changeait de chemise 2 fois par jour !

Le roi assistait chaque jour à la **messe**. Tout le monde le regardait, au lieu de regarder le prêtre qui célébrait la cérémonie.

Tous les plus grands **artistes**, les **écrivains** travaillaient pour le roi.
Les **courtisans** le suivaient pendant ses promenades dans les jardins, en essayant de se faire remarquer par lui. Pour réussir à la cour, il fallait plaire au roi.

Les **mousquetaires** formaient la **garde** du roi. Ils étaient armés d'un **mousquet**.
Sous Louis XIV, le mousquet fut remplacé par le **fusil**, plus facile à manier.

Le roi **mangeait** seul à sa table. Et toute la cour le regardait.
Le soir, le **grand coucher** du roi était aussi une cérémonie.
Tous les courtisans espéraient avoir, un jour, l'honneur de porter sa chandelle !

LA COUR S'AMUSE

Pour occuper les grands seigneurs et les nobles dames de la cour, Louis XIV organisait toutes sortes de distractions : des chasses à courre, des fêtes, des jeux d'eau dans les jardins, des spectacles…

Le roi aimait beaucoup le **théâtre**, et surtout les comédies que **Molière** écrivait pour lui. Il adorait danser, et participait à des **ballets**, comme celui où il interprèta le personnage d'Apollon, dieu grec du Soleil. Louis XIV se comparait d'ailleurs lui-même au Soleil, l'astre qui brille sur toute la Terre, et se faisait appeler le **Roi-Soleil**. Sa devise était : « Supérieur à tous ».

De nombreux **écrivains** ont travaillé pour Louis XIV. Parmi eux, **La Fontaine**, auteur de la fameuse fable « Le Corbeau et le Renard » ou **Charles Perrault**, qui a écrit des contes très connus : *Le Petit Chaperon rouge, Le Petit Poucet, Le Chat botté…*

Le roi commandait de nombreuses œuvres aux artistes, **peintres** ou **sculpteurs** pour décorer son château.

Le roi s'intéressait aussi beaucoup aux **sciences**. Il invitait les savants à venir travailler à Paris.

DANS LES CAMPAGNES ET DANS LES VILLES

À l'époque de Louis XIV, les villes ont grandi. Mais la plupart des Français étaient encore des paysans. Très peu parlaient le français. Dans chaque région, on parlait une langue différente…

Les **paysans** vivaient toujours dans des **villages**, autour du château et de l'église.
Ils avaient toujours peur de la sécheresse ou des grandes pluies,
qui causent les **mauvaises récoltes** et la **famine**. Ils redoutaient les **ravages de la guerre**,
et les **épidémies** de variole et de rougeole qui tuaient beaucoup de monde.
Mais les jours de **fête** étaient nombreux et on dansait sur l'herbe…

Les **villes** étaient de plus en plus grandes et comptaient de plus en plus d'habitants. Grands seigneurs, belles dames, gens du peuple, s'y promenaient pour voir les jongleurs, les marchands ambulants, les diseuses de bonne aventure, les farceurs qui racontaient toutes sortes d'histoires drôles. Certains quartiers, comme la **cour des Miracles** à Paris, servaient de refuge aux mendiants, aux brigands, que la police du roi essayait d'enfermer.

DES PIONNIERS EN AMÉRIQUE

De nombreux Européens sont partis vers l'Amérique pour faire fortune, ou pour être plus libres. Les premiers à s'installer en Amérique du Nord furent les Anglais.

Les premiers à partir furent des Anglais persécutés à cause de leur religion. Leur bateau s'appelait le *Mayflower*. Les Indiens les ont accueillis, leur ont donné des dindes. Ils leur ont aussi appris à cultiver le maïs et à pêcher.

Des commerçants hollandais achetèrent aux Indiens une île pour installer leurs entrepôts. C'est **Manhattan**, un des plus célèbres quartiers de **New York**.

L'HISTOIRE DE POCAHONTAS

Un navigateur anglais, nommé **John Smith**, avait fondé une ville qu'il baptisa **Jamestown**.

Pour cela, il avait pris les terres des **Indiens**, et bientôt ce fut la **guerre**. Un jour, les Indiens s'emparèrent de John Smith.

Ils l'emmenèrent dans leur village et se préparaient à le tuer quand la fille du chef, la princesse **Pocahontas**, supplia qu'on le laisse en vie.

John Smith fut **recueilli** dans la tente de la famille de Pocahontas. Il emmena la petite princesse avec lui et la fit baptiser.

Plus tard, elle **épousa** un riche planteur anglais.

Il l'emmena en Angleterre et la présenta à la **reine**.

Mais elle **mourut** peu après de la variole, sans avoir revu son pays. Elle avait 22 ans.

LE TEMPS DES MARCHANDS

Les grandes compagnies de commerce possédaient des navires qui naviguaient sur toutes les mers et revenaient en Europe chargés de marchandises.

Les **navires** apportaient à l'**Europe** tous les produits qu'elle ne possédait pas : café, sucre, cacao, riz, tabac, coton, etc.

LE COMMERCE DES ESCLAVES

Pendant deux siècles, des millions d'Africains ont été emmenés de force vers l'Amérique pour travailler comme esclaves dans les plantations de canne à sucre et de coton.

Les **capitaines** de **navires négriers** achetaient des prisonniers aux chefs africains avec des armes et des bijoux.

Ils choisissaient les **prisonniers** les plus forts et les plus robustes et les emmenaient en Amérique sur leurs navires.

Ils y étaient entassés dans des **conditions très dures**, mais assez bien nourris, car il fallait qu'ils arrivent en bon état.

En Amérique, ils étaient ensuite vendus sur des **marchés aux esclaves**. Les femmes étaient séparées de leur mari.

Les esclaves **travaillaient** dans les champs de coton et de canne à sucre, ou comme domestiques. S'ils essayaient de s'enfuir et étaient repris, ils étaient tués.

SUR DES MERS INCONNUES

L'exploit de Christophe Colomb avait enflammé l'imagination des navigateurs. Ils partirent à la recherche d'autres terres inconnues dans l'océan Pacifique et vers le pôle Sud.

Quand il arriva à **Tahiti**, le grand navigateur français **Bougainville** crut qu'il était au paradis : il faisait toujours beau, les arbres donnaient des fruits délicieux, la mer regorgeait de poissons qu'il n'avait jamais vus…

Le dimanche de Pâques de l'année 1722, le Hollandais Jacob Roggeveen aborda une île inconnue, au large de l'Amérique du Sud, sur laquelle étaient dressées des centaines de statues gigantesques, les moai. On appela cette île l'**île de Pâques**.

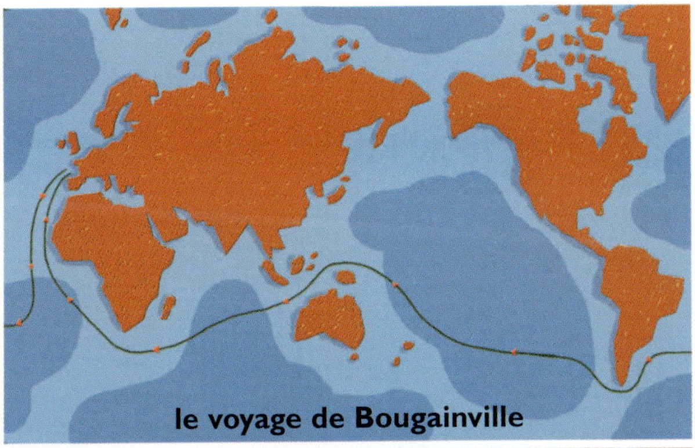

le voyage de Bougainville

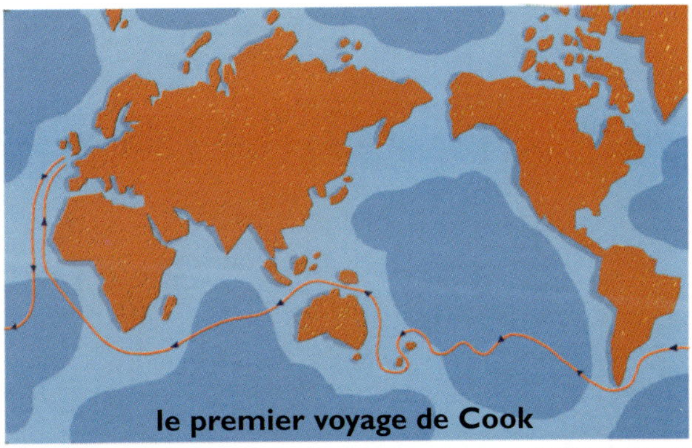

le premier voyage de Cook

le deuxième voyage de Cook

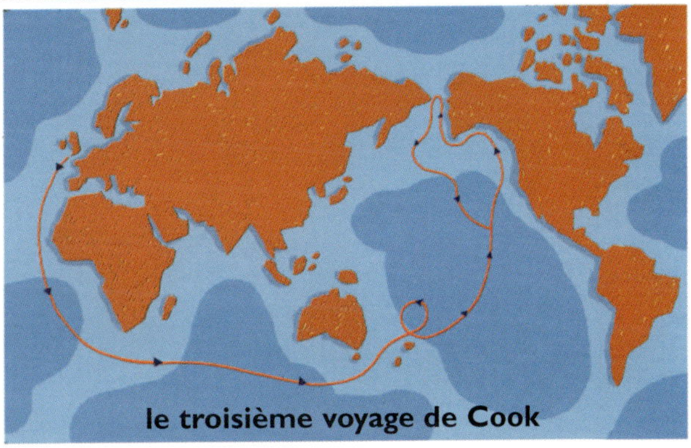

le troisième voyage de Cook

Le premier navigateur à être allé en Polynésie fut l'Anglais **Wallis**, puis vinrent le Français **Bougainville** et l'Anglais James **Cook**. Ils écrivirent des livres pour raconter ce qu'ils avaient vu et découvert.

Un peu plus tard, le navigateur français **Dumont d'Urville** s'aventura dans l'Antarctique, vers le **pôle Sud**. Il découvrit la **terre Adélie**.

PIRATES ET CORSAIRES

Les corsaires attaquaient les navires marchands des pays ennemis, uniquement en temps de guerre. Il ne faut pas les confondre avec les pirates, véritables bandits, qui pillaient tous les bateaux.

À l'abordage ! Les bateaux de **pirates** étaient petits et rapides, beaucoup plus faciles à manœuvrer que les gros navires chargés de marchandises. Ils attaquaient par surprise, ne hissant leur drapeau à tête de mort qu'au dernier moment. Ils s'approchaient le plus près possible du bateau qu'ils voulaient piller.

Quand un boulet de canon avait touché un des mâts, cela faisait de gros dégâts et les pirates pouvaient monter à bord. Mais les pirates échouaient souvent. S'ils étaient pris, ils étaient pendus au mât du bateau, « haut et court ».

Jean Bart était un très célèbre corsaire du roi Louis XIV.

Le corsaire **Robert Surcouf** a combattu les navires anglais au temps de Napoléon.

L'anglais **Barbe-Noire** est le pirate le plus célèbre. Il était très féroce. Il portait une barbe et de longs cheveux tressés.

LA RÉVOLUTION FRANÇAISE

Il y a plus de 200 ans, les Français ont cessé d'obéir à leur roi. Ils ont voulu se gouverner et faire leurs lois eux-mêmes. Cela ne s'est pas fait facilement, car ils n'étaient pas tous du même avis.

Le 14 juillet 1789, le peuple de Paris a pris la **Bastille**. C'était un château fort, où le roi pouvait faire mettre les gens en **prison**.

Les révolutionnaires ont fait **guillotiner** le roi **Louis XVI**. Ils ont proclamé la **République** : le pays n'est plus dirigé par un roi, mais par des personnes élues par le peuple.

La Révolution a déclaré que tous les hommes sont libres et égaux en droits : c'est la **Déclaration des droits de l'homme**.

Dans tous les villages, on a planté des **arbres de la Liberté**, dont certains existent encore aujourd'hui. Ils étaient ornés de rubans tricolores, les couleurs de la Révolution.

C'est pour cela que le **14 juillet** est la fête nationale française. **La Marseillaise** date aussi de cette époque.

NAPOLÉON IER

Napoléon fut l'empereur des Français et de presque toute l'Europe. Brillant chef de guerre, il a remporté de nombreuses batailles, et a donné de nouvelles lois à la France.

Bonaparte est né en Corse, dans une famille noble mais pauvre. Sous la Révolution, il est devenu un grand général. Puis il décida de devenir **empereur** et prit le nom de **Napoléon Ier**.

Napoléon fit la conquête de l'Europe grâce à la **Grande Armée**, qui comptait plus de un million d'hommes à la fin de son règne. Recrutés dans toute l'Europe, les **soldats** de Napoléon ont parcouru des milliers de kilomètres. Les officiers se battaient à cheval, mais les simples soldats marchaient à pied.

Il se fit **sacrer** par le pape. Il fit de ses frères et sœurs les rois et les reines des pays d'Europe.

Les meilleurs soldats étaient les **grenadiers** de la garde impériale, reconnaissables à leur bonnet en peau d'ours. Comme ils avaient mauvais caractère, on les appelait les « **grognards** ».

Napoléon fut vaincu par les Anglais, qui l'envoyèrent à **Saine-Hélène**, une petite île loin de la France, où il mourut.

LES BATAILLES DE NAPOLÉON

Napoléon était un général très habile. Au début, il s'est battu pour faire triompher les idées de la Révolution, et il a été très aimé. Puis les peuples d'Europe se sont unis pour chasser les armées françaises.

Le jeune général **Bonaparte** s'est fait remarquer par son intelligence, par son courage et sa façon de diriger ses soldats. Il mena ses premières grandes batailles en Italie, contre les Autrichiens, et vola de victoire en victoire.

Il partit ensuite se battre en **Égypte**. En plus de son armée, il emmena avec lui des savants et des artistes qui ont permis au monde entier de connaître l'Égypte des pharaons.

Avec sa **Grande Armée**, Napoléon remporta de nombreuses victoires.
L'une des plus célèbres est la bataille d'**Austerlitz**
au cours de laquelle il battit l'empereur d'Autriche et le tsar de Russie.

La plus grande erreur de Napoléon fut l'invasion de la **Russie**.
La Grande Armée, vaincue par le froid, dut parcourir des milliers de kilomètres
dans la neige et la boue pour rentrer en France.

Waterloo fut la dernière grande bataille de Napoléon.
Les rois et les empereurs d'Europe s'étaient unis pour le vaincre,
et il perdit cette bataille malgré le courage des grenadiers.

LES HÉROS DE L'AMÉRIQUE DU SUD

Après Christophe Colomb et les conquistadors, presque tous les pays d'Amérique du Sud appartenaient au roi d'Espagne. Puis ils ont voulu devenir de vrais pays, être indépendants.

Quand ils sont arrivés, les **Espagnols** ont obligé les Indiens à changer leur façon de vivre et à devenir chrétiens. Et de plus en plus d'Espagnols sont venus vivre en Amérique du Sud. Les villes ressemblaient à des villes espagnoles, avec une église et une grande place.

C'est le général **Simon Bolivar** qui dirigea la guerre d'Indépendance. Il libéra presque toute l'Amérique du Sud. On le surnomma le « Libérateur ». Un pays d'Amérique du Sud lui doit son nom : la **Bolivie**. Mais, il y avait beaucoup d'injustices dans les pays d'Amérique du Sud. Les paysans étaient nombreux à ne pas avoir de terres.

Pancho Villa et Emiliano Zapata ont essayé de **changer les choses**, de faire la révolution.

Pancho Villa fut l'un des chefs de la révolution au Mexique. Il a vécu 100 ans après Simon Bolivar.

Les **Indiens** vivaient dans les campagnes et dans les montagnes.

Au Mexique, un paysan indien, **Emiliano Zapata**, tenta de partager les terres entre riches et pauvres. Mais il fut assassiné.

LA VIE DES INDIENS D'AMÉRIQUE

Avant l'arrivée des Européens, l'Amérique du Nord était peuplée d'Indiens. Ceux qui chassaient les bisons se déplaçaient avec les troupeaux ; ceux qui cultivaient les terres vivaient dans des villages.

Les **Indiens des Grandes Plaines** chassaient les bisons. Ils vivaient dans des **tipis**, des tentes faites en peau de bison. Elles étaient faciles à plier et à transporter lorsque la tribu devait partir à la recherche de nourriture ou fuir l'ennemi.

Les Indiens des grandes forêts du **Canada** construisaient des maisons en bois. Ils dressaient des **totems**, sur lesquels était racontée l'histoire de la famille.

Les **Indiens Pueblos** vivaient dans le Sud. C'étaient des agriculteurs. Ils construisaient des maisons de terre rouge, empilées les unes sur les autres.

Pour chasser, les Indiens n'avaient que des **arcs** et des **flèches**. Les enfants **sioux** apprenaient très jeunes à devenir de bons tireurs en s'entraînant sur des cibles.

Il n'y avait pas de **chevaux** en Amérique. Mais quand les Européens en ont fait venir, les Indiens sont très vite devenus d'excellents cavaliers.

LA CONQUÊTE DE L'OUEST

L'Amérique a été peuplée par des Européens. Beaucoup sont partis vers ce continent pour avoir une vie meilleure, pour devenir riches. Au début, ils ont été bien accueillis par les Indiens.

Les Européens traversaient l'océan Atlantique sur de grands bateaux. Les premiers arrivants se sont installés sur la côte. Puis, comme ils étaient de plus en plus nombreux, ils sont partis vers l'intérieur, vers l'ouest, le **Far West**. Mais c'était là que vivaient les Indiens.

Chaque fois que des familles s'installaient quelque part, elles construisaient une **ville** avec ses maisons en bois, son magasin général, sa banque et son saloon.

Il fallait rapidement choisir un **shérif** pour faire appliquer les lois et éviter les bagarres.

Pour traverser l'immense Amérique, ils utilisaient des **chariots** protégés par une bâche, dans lesquels ils entassaient tout ce qu'ils possédaient et la nourriture nécessaire au voyage. Ces chariots étaient souvent l'objet d'attaques des Indiens, mais aussi des bandits.

Les soldats bâtissaient des **forts** en bois pour les protéger des Indiens.

Dans les grandes prairies, les plus riches avaient construit des **ranches**, pour élever de grands troupeaux de bœufs et de vaches. Les **cow-boys** gardaient les troupeaux.

LE COMBAT DES INDIENS

En s'installant sur tout le territoire des États-Unis, les Blancs prenaient les terres de chasse des Indiens et faisaient disparaître les bisons. Les Indiens se révoltèrent plusieurs fois, mais ils furent battus.

Le **général Custer** et ses soldats, les Tuniques bleues, avaient massacré les femmes et les enfants d'un village sioux sans défense. Quelques années plus tard, le chef sioux **Sitting Bull** réunit les tribus **sioux**, et remporta la célèbre bataille de **Little Big Horn** contre le général Custer.

Geronimo était un chef apache. Lorsque sa famille fut massacrée par les Blancs, il devint un féroce guerrier, redouté de tous.

Buffalo Bill est le personnage qui représente le mieux la conquête de l'Ouest américain. Cet aventurier, qui s'était battu contre les Cheyennes et les Sioux, décida de monter un **spectacle** racontant l'histoire de sa vie. Il fit participer Sitting Bull à son spectacle.

Aujourd'hui, il n'y a presque plus d'Indiens. La plupart vivent dans des **réserves**, où ils essaient de garder le souvenir du passé.

Le jour anniversaire du dernier massacre des Indiens à **Wounded Knee**, les descendants des Indiens ont réclamé qu'on leur rende les terres de leurs ancêtres.

L'INVENTION DES MACHINES À VAPEUR

Tout change quand on apprend à utiliser la force de la vapeur pour faire fonctionner les machines : métiers à tisser, machines agricoles, locomotives, voitures, bateaux, etc.

Les machines sont regroupées dans de grandes **usines**, où travaillent de nombreux **ouvriers**. Grâce aux machines, on peut fabriquer de plus en plus de choses.

Les **steamers** sont des bateaux équipés de machines à vapeur. Comme ils ne dépendent plus du vent pour avancer, ils arrivent à l'heure.

Grâce aux **locomotives à vapeur**, les trains remplacent les diligences tirées par des chevaux. L'utilisation de l'**acier** permet de fabriquer des **rails**. Partout, on construit des **voies ferrées**.

À la campagne aussi, les machines remplacent les outils.
Les **moissonneuses** et les **batteuses** fonctionnent à la vapeur.

DES INVENTIONS QUI CHANGENT LA VIE

La vie des gens s'améliore beaucoup au début du XXe siècle, grâce à de nombreuses inventions : le cinéma, la lumière électrique, les voitures et les avions à moteur…

Inventée par Edison, l'**ampoule électrique** permet de bien éclairer les rues des grandes villes et les maisons.

Les premières **voitures à moteur** remplacent les voitures tirées par des chevaux.

Clément Ader est le premier homme à s'élever dans les airs à bord d'un **avion**.

Deux **frères**, Auguste et Louis **Lumière**, inventent le **cinéma**.

Louis **Pasteur** découvre que beaucoup de maladies sont causées par des **microbes**. Il invente les **vaccins** pour s'en protéger.

Dans les villes, on construit de **grands magasins** où l'on vend de tout !

Les gens vivent davantage dans les villes. Les **immeubles** sont de plus en plus hauts.

En **1900**, une grande **exposition** présente toutes les inventions du monde moderne.

LA PREMIÈRE GUERRE MONDIALE

Chaque année, le 11 novembre, les Anglais et les Français fêtent la fin d'une guerre terrible, comme il n'y en avait jamais eu auparavant. Des soldats du monde entier y ont participé.

Les soldats sont restés face à face pendant des années. Pour se protéger des tirs ennemis, ils se sont abrités dans des **tranchées** creusées dans la terre, pataugeant dans la boue au milieu des rats.

Pour se protéger des gaz asphyxiants, les soldats portaient des **masques à gaz** qui ressemblaient à des groins de cochons. Dans les tranchées, les soldats ne pouvaient pas se laver. Ils étaient mal rasés. C'est pourquoi on les a appelés les **poilus**.

144

Les **soldats** sont venus du **monde entier** : Europe, Amérique...
Mais il y avait aussi des Africains, des Maghrébins, des Vietnamiens dans l'armée française,
des Indiens, des Canadiens, des Australiens dans l'armée anglaise.

La guerre a fait des millions de **blessés**. Les hommes étaient défigurés, mutilés.
On les a appelés les « **gueules cassées** ».
Ils ont été soignés dans des hôpitaux de campagne par des infirmières volontaires.

Comme les hommes étaient à la guerre, c'étaient les **femmes** qui devaient travailler dans les champs et dans les **usines**, surtout dans les usines d'armement.

La guerre a **détruit** quantité de villages et de villes. Pendant des années, on n'a pas pu cultiver les champs. Dans tous les villages, on a élevé des **monuments aux morts**.

LA SECONDE GUERRE MONDIALE

Au cours de la Seconde Guerre mondiale, les nazis ont commis les crimes les plus atroces de l'Histoire. C'est aussi la guerre la plus meurtrière de tous les temps : 50 millions de morts.

Le **parti nazi** et son chef, **Adolf Hitler**, ont pris le pouvoir en Allemagne. Ils veulent conquérir le monde et imposer à tous leurs idées racistes.

Adolf Hitler décide que les **juifs**, en particulier, n'ont plus le droit de vivre, qu'ils doivent tous être tués, les hommes, les femmes, et même les enfants.

Les juifs sont conduits dans des **camps d'extermination**, comme celui d'**Auschwitz**, où ils sont mis à mort dans des chambres à gaz.

L'armée allemande envahit tous les pays voisins, et en particulier la France. En Russie, la population résiste pendant des mois malgré la famine et des millions de morts. L'armée russe parvient à repousser les Allemands.

Le Japon, allié des Allemands, a attaqué les États-Unis. Les combats se déroulent dans le **Pacifique**. À la fin de la guerre, les Américains lancent une **bombe atomique** sur deux villes japonaises, **Hiroshima** et **Nagasaki**. C'est l'arme la plus terrible qui ait jamais été utilisée.

LE **MONDE MODERNE**

Les habitants des pays riches ont aujourd'hui, pour la plupart, des conditions de vie très agréables. Les progrès de la science leur permettent de vivre plus longtemps et mieux que jamais.

Grâce à l'électricité, nos maisons sont bien **équipées** : réfrigérateurs, machines à laver, cuisinières…

Les hommes sont de plus en plus nombreux. Pour les loger, on construit des **tours** qui s'élèvent haut dans le ciel.

Presque toutes nos maisons sont aujourd'hui équipées d'une **télévision** et de quantité d'objets **électroniques**.

Grâce aux **disques**, chacun peut écouter la musique qui lui plaît.

Pour se déplacer, on peut conduire une **voiture**, une **moto**, emprunter un **bus** ou un **métro**… ou bien marcher.

Grâce aux **avions**, on peut aller de plus en plus loin, faire de beaux voyages.

Au **supermarché**, on peut acheter des produits venant du monde entier.

Nous travaillons aujourd'hui beaucoup moins que nos grands-parents. Nous pouvons donc partir en **vacances**.

Tous les ans apparaissent de nouvelles **modes** : nouveaux habits, nouveaux objets… Le **choix** est énorme.

LE **TRIOMPHE** DE LA **SCIENCE**

À notre époque, il y a eu plus de découvertes scientifiques que pendant tout le reste de l'histoire du monde. La médecine, les communications, les loisirs, tout change, tout progresse…

Les premiers **ordinateurs** occupaient une pièce entière. Aujourd'hui, chacun peut en avoir un chez soi.

La **télévision** permet de voir des images venues du monde entier. Et on peut aussi installer des jeux sur sa télévision…

Les **fusées**, les **navettes spatiales** permettent de quitter la Terre et d'explorer l'Univers. Pour la première fois, en 1969, des hommes ont **marché sur la Lune**.

La **médecine** et les appareils médicaux sont de plus en plus perfectionnés.

On arrive même à « **cloner** », c'est-à-dire reproduire, des êtres vivants.

Les **satellites,** qui tournent autour de la Terre, transmettent les images de la télévision, les communications téléphoniques.
Le **téléphone portable** permet d'appeler partout, d'où l'on veut, quand on le veut…

Après la Lune… des hommes iront sans doute bientôt sur **Mars**.

PROTÉGER LA TERRE

Dans l'Univers, la Terre, notre planète, est le seul endroit où nous pouvons vivre. Or, tous les progrès qui ont permis d'améliorer la vie des hommes ne sont pas sans risque pour elle.

La voiture, c'est formidable. Chacun peut aller vite, loin…

Mais trop de voitures **polluent**, et l'air que nous respirons est de moins en bon.

Les gaz des usines, des voitures, des avions, provoquent le **réchauffement** de notre planète. Si les températures augmentent trop, le climat risque d'être perturbé et d'entraîner des catastrophes. Il faut éviter de polluer quand on peut faire autrement.

Quand un pétrolier s'échoue, la **mer** s'attriste : les oiseaux meurent englués dans le pétrole, les poissons s'asphyxient.

Comme les hommes sont toujours plus nombreux sur la Terre, ils vont avoir de plus en plus besoin d'**eau**. Il faut garder propre l'eau des rivières et des lacs.

Nous pouvons acheter de plus en plus de choses. Mais cela produit énormément de **déchets**.

Il faut 300 ans pour qu'un sac en plastique se décompose. Cela vaut la peine de ne pas le jeter n'importe où.

MOTS DIFFICILES

Agriculture
C'est l'ensemble des activités liées à la culture des sols, des terres et à l'élevage des animaux. Les hommes préhistoriques ont d'abord vécu de la chasse et de la cueillette des plantes et des fruits. Puis, petit à petit, ils ont commencé à cultiver eux-mêmes les plantes et à élever des animaux.

Alpaga
L'alpaga est un mammifère, cousin du lama, élevé en Amérique du Sud pour sa fourrure longue et laineuse.

Amphore
Une amphore est un grand vase à deux anses, en terre cuite. Dans l'Antiquité, il servait à transporter ou à conserver la nourriture.

Antiquité
L'Antiquité est la période de l'histoire qui va de la fin de la Préhistoire à la chute de l'Empire romain.

Apprentissage
Une jeune personne qui apprend un métier est en apprentissage. Le jeune noble qui faisait son apprentissage de chevalier était page.

Bouddhisme
Le bouddhisme est la religion fondée par Bouddha. C'est une religion très répandue en Asie : au Japon, en Chine, en Thaïlande, etc.

Céramique
La céramique est l'art de fabriquer des objets et des poteries en terre cuite, en porcelaine…

Cérémonie
On organise une cérémonie quand on célèbre un événement important : la cérémonie du mariage, par exemple.

Charpentier
Le charpentier est la personne qui fabrique et pose des charpentes, c'est-à-dire l'ensemble des poutres et des pièces de bois qui supportent un toit.

Commerce
Le commerce est l'activité qui consiste à acheter des marchandises pour les revendre. Celui qui fait du commerce est un commerçant.

Conquérant
Un conquérant est une personne qui fait la conquête d'un territoire par les armes. Les conquistadors étaient des conquérants espagnols partis à la conquête de l'Amérique.

Cour
La cour est la résidence du roi, de la reine. C'est aussi l'ensemble des personnes qui entourent le roi et la reine.

Courtisan
Un courtisan était un noble qui vivait à la cour des rois, des reines.

Croyant
Un croyant est une personne qui croit en une religion.

Diligence
Une diligence est un véhicule tiré par des chevaux. Elle servait autrefois à transporter les voyageurs.

Épidémie
Quand une maladie contagieuse atteint en même temps un grand nombre de personnes dans un même endroit, il y a une épidémie.

Esclave
Un esclave est une personne privée de liberté, qui appartient à un maître et dépend entièrement de lui.

Exaucer
Exaucer un vœu, c'est le réaliser. Dans les contes, les fées exaucent les vœux.

Explorer
Explorer, c'est découvrir et parcourir une région inconnue ou mal connue. Les explorateurs explorent ces régions.

Famine
La famine est le manque total de nourriture. Quand il y a une famine, les gens meurent de faim.

Fertile
Une terre fertile est une terre riche, qui fournit des récoltes abondantes. Fertiliser, c'est rendre fertile. On fertilise une terre en utilisant des engrais par exemple.

Gouverner
Gouverner, c'est diriger un pays, un État.

Harnacher
Harnacher un cheval, c'est lui mettre son harnais.

Indépendance
Un pays est indépendant quand il ne dépend d'aucun autre pays.

Jeûne
Quand on jeûne, on ne prend pas de repas, pour des raisons religieuses ou médicales. On fait un jeûne.

Loi
La loi, c'est l'ensemble des règles obligatoires qui expriment les droits et les devoirs de chacun dans une société. La loi indique à chaque individu ce qu'il a le droit de faire et ce qu'il a le devoir de faire.

Loisir
Les loisirs, c'est l'ensemble des occupations que l'on a en dehors de ses occupations habituelles. Exemple : Ses loisirs préférés sont le football et la lecture.

Mésopotamie
La Mésopotamie est une région de l'Asie centrale comprise entre les deux fleuves : le Tigre et l'Euphrate. Mésopotamie signifie « entre les fleuves ». C'est dans cette région fertile, riche que fut inventée l'écriture.

Moine
Un moine est un religieux qui vit à l'écart du monde, dans un monastère.

Mosaïque
Une mosaïque est une décoration faite en assemblant des petits morceaux de verre, de marbre, de céramique, de toutes les couleurs.

Mosquée
Une mosquée est un bâtiment religieux. C'est un lieu de prière pour les musulmans.

Néolithique
Le Néolithique est la période de la préhistoire la plus récente. Néolithique signifie « âge de la pierre polie ». C'est à cette période que les hommes ont commencé à pratiquer l'agriculture et l'élevage, à fabriquer des poteries et à tisser.

Nomade
Un nomade est une personne qui n'a pas d'habitation fixe et se déplace d'un lieu à un autre. Les premiers hommes étaient des nomades : ils se déplaçaient pour suivre les troupeaux de rennes, pour trouver de meilleurs abris, etc.

Page
Un page était un jeune garçon noble qui était placé au service d'un roi, d'un seigneur ou d'une dame pour apprendre le métier des armes.

Pèlerinage
Le pèlerinage est un voyage que l'on effectue dans un lieu saint, pour des raisons religieuses.

Persécuter
Persécuter quelqu'un, c'est le soumettre à des traitements cruels et injustes.

Planteur
Un planteur est le propriétaire d'une plantation dans les pays tropicaux. Les plantations sont de grands domaines agricoles spécialisés dans la culture du café, de la canne à sucre, du tabac, du coton…

Pollution
La pollution, c'est ce qui pollue, salit un milieu naturel. Les déchets rejetés par une usine peuvent polluer les rivières, par exemple.

Préhistoire
La préhistoire a duré très longtemps. Elle commence avec l'apparition de l'homme sur la Terre et se termine avec l'invention de l'écriture. Ce qui date de la préhistoire est préhistorique.

Prêtre
Un prêtre est une personne chargée du culte dans certaines religions.

Primate
Les primates sont des mammifères. Ils ont un cerveau très développé, une dentition complète, des mains qui leur permettent de saisir des choses. Les singes sont des primates. Les hommes aussi.

Prophète
Un prophète est une personne qui annonce un événement à venir. Pour les musulmans, Mahomet est un prophète.

Ramadan
Le ramadan est le neuvième mois de l'année des musulmans. Pendant le ramadan, les Musulmans doivent jeûner du lever au coucher du soleil. Le ramadan se termine par une grande fête qui dure trois jours.

Rançon
Une rançon est une somme d'argent que des ravisseurs exigent en contrepartie de la libération d'un otage.

Reptile
Les reptiles sont des animaux au corps recouvert d'écailles, qui se déplacent soit en rampant, soit grâce à quatre pattes très courtes. La plupart sont ovipares : ils pondent des œufs. Les dinosaures étaient des reptiles. Les serpents, les lézards, les tortues, en sont aussi.

Sacre
Le sacre est la cérémonie religieuse qui accompagne le couronnement des rois, des empereurs.

Scribe
Le mot scribe vient d'un mot latin qui veut dire écrire. Dans l'Égypte ancienne, le scribe était la personne chargée d'écrire les textes.

Serpe
Une serpe est un outil tranchant qui sert à tailler les arbres. La lame est plate et souvent courbe, montée sur un manche court. Les druides se servaient d'une serpe pour couper le gui.

Symbole
Un symbole représente une idée, quelque chose d'abstrait. Par exemple, la colombe est un symbole de la paix.

Temple
Un temple est un bâtiment religieux, consacré à un dieu ou une déesse. Les Grecs et les Romains de l'Antiquité ont construit de nombreux temples.

Vaillance
La vaillance, c'est le courage. Un vaillant chevalier est un chevalier brave, courageux, qui sait faire face au danger.

INDEX

A

Abel, 34
Abraham, 36
Acropole, 46
Adam, 34, 35
Ader, Clément, 142
Adoubement, 85
Agar, 36
Akhenaton, 24
Alcmène, 54
Alésia, 81
Alexandre le Grand, 58-59
Alexandrie, 58
Amazones, 55
Amérique, 105
Amon, 26
Amphithéâtre, 63
Andes, 80
Antilles, 105
Anubis, 27, 28, 30
Apache, 139
Aphrodite, 50
Apis, 26
Apollon, 50, 51, 114
Arbalète, 87
Arès, 51
Ariane, 49
Artémis, 51
Atahualpa, 107
Athéna, 46, 51
Athènes, 46, 48, 49, 51
Augias, 55
Auschwitz, 147
Austerlitz, 131
Australopithèque, 9
Aztèques, 78-79, 106

B

Babylone, 20, 38, 39
Barbe-noire, 125
Bart, Jean, 125
Bastille, 126
Bélier, 69, 87
Bethléem, 72
Bible, 34-37
Bolivar, Simon, 133
Bonaparte, 128, 130
Bouddha, 44-45
Bougainville, 122, 123
Bucéphale, 59
Buffalo Bill, 139

C

Caïn, 34
Canon, 87, 106
Caravelle, 102-103, 104
Carnac, 17
Catapulte, 69, 87
Cathédrale, 97
Caverne, 10
Celtes, 67
Cerbère, 51, 55
César, Jules, 67, 68-69
Champollion, Jean-François, 33
Château fort, 86-89, 92
Chevaliers, 82, 84-85, 89-92
Cheyennes, 139
Chine, 40-43, 45
Christianisme, 72
Circé, 57
Cléopâtre, 33
Colomb, Christophe, 78, 102, 104-105, 106, 122, 132
Conquistadors, 106, 132
Cook, James, 123
Coran, 75
Crète, 48, 55
Cro-Magnon, 9, 12-13
Cromlechs, 17
Custer, général, 138
Cuzco, 80

D

David, 38
Dédale, 48-49
Déluge, 35
Démocratie, 46-47
Diaspora, 39
Dinosaures, 6, 7
Diomède, 55
Dionysos, 51
Dolmen, 16
Druide, 67
Dumont d'Urville, 123

E

Écriture, 18-21, 42
Éden, 72
Edison, 142
Égée, 48
Égypte, 22-33, 37, 59, 72, 130
Eldorado, 107

Embaumement, 28-29
Éros, 50
Esclave, 71, 121
Évangiles, 72, 73
Ève, 34, 35

F
Feu, 11
Fusil, 106, 113

G
Gama, Vasco de, 105
Gaule, 66-67, 68
Gaulois, 66-67, 68
Geronimo, 139
Géryon, 55
Gilgamesh, 21
Gladiateur, 62, 63
Goliath, 38
Grande Muraille de Chine, 40-41
Grèce, 46-59
Grotte, 10, 13
Gutenberg, 98

H
Hadès, 51
Hammourabi, 20
Hathor, 26
Hébreux, 34, 36-39
Hélène, 56
Héphaïstos, 51
Héra, 50, 54
Hercule, 54-55
Hermès, 51
Hérode, 72

Hiéroglyphe, 32-33
Himalaya, 44, 58
Hippocrate, 47
Hiroshima, 147
Hitler, Adolf, 146
Homo erectus, 9
Homo habilis, 9
Horus, 27, 31
Hourd, 87
Hydre de Lerne, 54

I
Icare, 49
Imprimerie, 43, 98
Incas, 80-81, 106, 107
Inde, 44, 58
Indiens, 78, 105, 106, 107, 118-119, 134-139
Isaac, 36
Isis, 27
Islam, 74-75
Ismaël, 36
Israël, 36, 38-39
Istanbul, 108
Ithaque, 56-57

J
Jacob, 36
Japon, 45
Jérusalem, 38
Jésus, 72-73
Jeux Olympiques, 52-53
Jourdain, 72

K
Kheops, 24

L
Labyrinthe, 48-49
La Fontaine, Jean de, 115
La Mecque, 74-75
Légion, 64
Le Nôtre, André, 111
Little Big Horn, 138
Louis XIV, 110-115
Louis XVI, 127
Lucy, 9
Lumière, les frères, 143

M
Maât, 30, 31
Macédoine, 58, 59
Machu Picchu, 80
Magellan, Fernand de, 105
Mahomet, 74-75
Marseille, 47
Masse d'arme, 87
Mayas, 78-79
Mayflower, 118
Médine, 74
Méditerranée, 46, 65
Mégalithe, 16-17
Menhir, 16-17
Mer Rouge, 37
Mésopotamie, 18-21
Mexique, 79, 133
Mille et Une Nuits, 76-77
Minos, 48-49
Minotaure, 48-49
Moïse, 36-37, 38
Molière, 114

Momie, 28-29
Mousquetaire, 113
Moyen Âge, 82-97

N
Nabuchodonosor, 38
Nagasaki, 147
Napoléon Ier, 128-131
Naumachie, 63
Néfertiti, 24
Némès, 24
Néolithique, 14-15
Népal, 44
Nil, 22-23, 29, 32, 37
Noé, 35
Nomade, 11

O
Odyssée, 56
Olympe, 50, 51, 55
Olympie, 52-53
Osiris, 27, 30, 31

P
Pacifique, 105, 147
Palestine, 34, 38, 72
Papyrus, 32
Pâques, île de, 122
Pâris, 56
Pasteur, Louis, 143
Pays de Canaan, 36
Pénélope, 56
Perrault, Charles, 115
Phalange, 58
Pharaon, 22, 23, 24-25, 26, 28, 32, 33, 37, 130

Philippe de Macédoine, 58
Pierre de Rosette, 33
Pizarro, Francisco, 107
Pocahontas, 121
Polyphème, 57
Pompéi, 70-71
Poros, 58
Porte-enseigne, 64
Poséidon, 50
Préhistoire, 10-17, 21
Primate, 8
Ptolémée, 33
Pueblos, 135
Pyramide, 22, 23, 24, 78

Q
Qin Shi Huangdi, 41
Quetzalcoatl, 79

R
Ramsès, 24, 33
Rê (ou Râ), 26
Rébecca, 36
Remus, 61
Rétiaires, 63
Révolution française, 126-127, 128, 130
Romains, 39, 42, 60-65, 67, 68-69, 70-71
Rome, 60-61, 62
Romulus, 61
Russie, 131, 147

S
Sainte-Hélène, 129
Salomon, 38
Samnite, 63
Samouraï, 85
Sarah, 36
Sarcophage, 29
Saül, 38
Schéhérazade, 76
Scribe, 20, 26, 32
Seth, 27
Sinaï, 37
Sioux, 135, 138
Sirène, 57
Sitting Bull, 138-139
Smith, John, 121
Soliman le Magnifique, 108-109
Stonehenge, 17
Stymphale, 54
Surcouf, Robert, 125

T
Tables de la Loi, 37
Tahiti, 122
Terre Adélie, 123
Terre Promise, 37, 38-39
Thésée, 48-49
Thot, 26, 31
Tipi, 134
Topkapi, 109
Totem, 135
Tour de Babel, 35
Tour de siège, 69
Tournoi, 89
Toutankhamon, 24, 33

Trébuchet, 86
Tribun militaire, 64
Troie, 56
Tumulus, 17

U
Ulysse, 56-57,

V
Vercingétorix, 67, 68
Versailles, 110-111
Vésuve, 70
Villa, Pancho, 133

W
Wallis, 122
Waterloo, 131
Wounded Knee, 139

Z
Zapata, Emiliano, 133
Zeus, 50, 51, 52, 53, 54, 55